**DUMONT

Im Sommer 2018 kommt der Vater von Andreas Schäfer zu Besuch nach Berlin. Kurz zuvor hat er erfahren, dass er an Krebs erkrankt ist, doch Beschwerden hat er keine. Er geht in die Oper, unternimmt einen Ausflug ans Meer, sitzt auf dem Sofa des Sohnes und sagt verwundert: »Dass da was ist!« Aber was? Was ist da im Kopf des Vaters? Er fährt nach Frankfurt zurück, wo er seit der Trennung von der griechischen Mutter allein lebt. Auch zur Biopsie geht er allein. Am Tag der Untersuchung meldet sich ein Arzt und teilt dem Sohn mit, dass der Vater eine Hirnblutung erlitten habe: »Ihr Vater wird sterben«, sagt er. »Er liegt im künstlichen Koma. Sie müssen entscheiden, wann wir die Maschinen abstellen.« Wie damit umgehen, wenn einem das Leben des eigenen Vaters in die Hände gelegt wird?

›Die Schuhe meines Vaters‹ ist ein ebenso erschütterndes wie zu Herzen gehendes Buch über Väter und Söhne und die unerwarteten Wege der Trauer. Aufrichtig, poetisch und einfühlsam erzählt Andreas Schäfer vom eigenen Schockzustand – vor allem aber nähert er sich dem Vater an, dem leidenschaftlich gern Reisenden, dem Kriegstraumatisierten, und ihrem besonderen, nicht immer einfachen Verhältnis.

Andreas Schäfer wurde 1969 in Hamburg geboren, wuchs bei Frankfurt/Main auf und lebt heute mit seiner Familie in Berlin. Er schreibt Romane, Essays, Libretti und Radiofeatures. Sein Debüt ›Auf dem Weg nach Messara‹ wurde u. a. mit dem Bremer Literaturförderpreis ausgezeichnet. Es folgten die Romane ›Wir vier‹ (DuMont 2010), der für den Deutschen Buchpreis nominiert war und mit dem Anna-Seghers-Preis ausgezeichnet wurde, ›Gesichter‹ (DuMont 2013) und zuletzt der Spiegel-Bestseller ›Das Gartenzimmer› (DuMont 2020). http://andreasschaefer.berlin

Andreas Schäfer

DIE SCHUHE
MEINES VATERS

DUMONT

Von Andreas Schäfer sind bei DuMont außerdem erschienen:

Wir vier
Gesichter
Das Gartenzimmer

Die Arbeit an vorliegendem Buch
wurde durch den Berliner Senat gefördert.

Das bei der Produktion dieses Buches entstandene CO_2 wurde
durch die Finanzierung von Klimaschutzprojekten kompensiert:
climate-id.com/17531-2110-1001/de

September 2023
DuMont Buchverlag, Köln
Alle Rechte vorbehalten
© 2022 DuMont Buchverlag, Köln
Umschlaggestaltung: Lübbeke Naumann Thoben, Köln
Umschlagabbildung: Ralph Fleck: Alpenstück 1/VII, 1991
© VG Bild-Kunst, Bonn 2022
Satz: Fagott, Ffm
Gesetzt aus der Adobe Caslon
Druck und Verarbeitung: CPI books GmbH, Leck
Gedruckt auf säurefreiem und chlorfrei gebleichtem Papier
Printed in Germany
ISBN 978-3-8321-6698-4

www.dumont-buchverlag.de

für Michael

I

An einem regnerischen Sonntagnachmittag verlor ich das Gesicht meines Vaters. Ich saß im Publikum eines Konzerts auf
der Terrasse einer baufälligen Villa, und so sehr ich mich bemühte, es kamen nur versprengte Details, Bruchstücke, Erin-
nerungsfetzen, nach außen strebend, in die Leere des Verges-
sens: eine weiche, in die Stirn fallende Haarsträhne, rosafarbene
Haut auf vortretenden Wangen und die klaren, ängstlich wirkenden und gleichsam ins Innere des Kopfes zurückweichen-
den Augen. Ein Ganzes war nirgends zu finden. Ich hatte das
Bedürfnis, über diesen Verlust zu weinen, und wie in Zeitlupe
wanderte ein kaltes Kribbeln meine Oberschenkel hinauf. Ich
erhob mich, ging gebückt an meiner Frau und unserer Tochter
und den anderen Zuhörern vorbei und über die Einfahrt bis zur
Straße. Wo war ich? Ich stand irgendwo im Osten von Berlin,
erleichtert, allein zu sein, und ratlos über meine Flucht. Die Straße war eine viel befahrene Ausfallstraße. Lastwagen donnerten
vorüber, und ich blickte mich mit der Hoffnung der Untröstlichen um, als könnte ich das verlorene Gesicht des Vaters, wenn
ich nur intensiv genug schaute, an einem Passanten, im Blatt-
werk eines Baumes oder im Widerschein des nassen Asphalts
entdecken.

Dieses Bild: Sonntags lief der Vater seine Runden um den Fußballplatz in Zeppelinheim. Er trug dazu Adidas-Schuhe, blaue Hosen und ein weißes oder beiges Oberhemd. Er lief immer in getragenen Oberhemden, die zu verschwitzt fürs Büro, aber noch nicht getragen genug für die Wäsche waren. Von einer Bank aus verfolgte ich, wie die Gestalt aus der Ferne näher kam, an mir vorüberzog – »drei«, »vier« oder »fünf« rief ich ihm zu – und wieder kleiner wurde. Im Hintergrund die hohen, gleichförmigen Kiefern des Frankfurter Stadtwalds und das Verkehrsrauschen von der B44. Ich, sein stolzer Rundenzähler.

Während ich dies schreibe, trage ich meine dünne, noch immer feuchte Daunenjacke. Nach Hause gekommen, setzte ich mich sofort an den Tisch, um etwas festzuhalten, zu retten, nein, ans Licht zu bringen, noch weiß ich nicht, was und wie genau. Will ich dem Vater also Anerkennung verschaffen – auch vor mir selbst?

Mein Vater war ein Reisender, und ich möchte mit seiner letzten Reise beginnen, im heißen Juni 2018. Es war keine große oder lange Reise, sie führte von Frankfurt am Main, wo er lebte, zu uns, nach Berlin, wo er im Dezember 1936 geboren worden war. Einundachtzig Jahre alt und ohne jegliche Beschwerden, hatte er wenige Wochen zuvor erfahren, dass ein vor über zwanzig Jahren überwundener Krebs zurückgekehrt war und Metastasen in den Knochen und im Kopf gebildet hatte. In den Telefonaten war es geradezu unmöglich, Genaueres zu erfahren, weil er die Diagnose angstvoll umschiffte (das Wort Tumor kam ihm nicht über die Lippen) und stattdessen ausgiebig über die Art seiner Ärzte sprach: ob sie freundlich, geduldig oder kurz angebunden waren und sich mitfühlend oder eher kühl gaben – als könne der Befund schon nicht so schlimm sein, solange die Ärzte sich menschlich verhielten und den Humor nicht verloren. Seine Erleichterung, als er an die Neurochirurgie der Frankfurter Uniklinik verwiesen wurde und sich dort *gut aufgehoben* fühlte. Junge Spezialisten, freundliche Pfleger. Weitere Untersuchungen folgten, Beratungen der Fachleute, schließlich ein Zeichen vorsichtiger Hoffnung. Möglicherweise hatte *das Etwas* im Kopf nichts mit dem zurückgekehrten Krebs zu tun, möglicherweise handelte es sich dabei um einen gutartigen Tumor (in Verbindung mit diesem Attribut durfte das schlimme Wort benutzt werden). Eine Biopsie im Kopf würde Klarheit schaffen. Und davor könne er wie geplant nach Berlin kommen. Wie geplant. Sein zufriedenes Glucksen in der Stimme, als hätte er den Ärzten diese Reise abgeluchst.

Ich erwartete ihn am späten Vormittag am Hauptbahnhof – für Züge, die Frankfurt im Morgengrauen verließen, gab es die günstigen Tickets. Als der erste Pulk Reisender an den Rolltreppen verschwunden war, sah ich seinen riesigen rosafarbenen Schalenkoffer auf dem Bahnsteig. Mein Vater stand daneben, kam schon auf mich zu, mit schnellen, kleinen Schritten. Wir umarmten uns, ein eingespieltes festes Umfassen des kompakten, eher harten Körpers, in dem sich das Bedürfnis nach Nähe und die Scheu vor ihr die Waage hielten. Ich war froh und verlegen, dass ihm nichts anzusehen war. Der Koffer wog schwer. Die Anzüge, natürlich! Die Anzüge für die Oper, das Theater, für die guten Gelegenheiten und die Wanderschuhe für die Tagestouren durch den Grunewald oder an die Potsdamer Seen. Wir brachten das Gepäck in sein Charlottenburger Hotel am Stuttgarter Platz, in dem er seit Jahren abstieg und in dem sonst gern Russen verkehrten – saßen danach auf der Terrasse eines Lokals am Karl-August-Platz. Er war aufgekratzt, fahrig, das konnte auch an der Vorfreude auf seine Enkeltochter liegen oder daran, dass er eine Woche nicht mit Ärzten, Diagnosen und Therapiemöglichkeiten zu tun haben würde. Sein Blick wanderte staunend umher, über die Grünflächen des Platzes, zur Kirche und den mit Säulen und Putten geschmückten Gründerzeitfassaden, als sei er verwundert, es mal wieder ans rettende Ufer in sein Berlin geschafft zu haben. Tatsächlich, er war da, in *seinem* Berlin.

»Wie geht es dir?«, fragte ich.

»Es geht mir gut. Das ist es ja. Ich spüre überhaupt nichts.«

Sein Blick rutschte an mir vorbei. Schon lag der in Kunstleder eingefasste Terminkalender auf dem Tisch, als sei das Thema Krankheit damit beendet. Wir besprachen Unternehmungen: Restaurantbesuche, Abende zu viert oder zu dritt, Ausflüge mit seiner Enkelin – und welche Tage er allein verbringen wolle. Er hatte viel vor, war gewillt, das Beste aus der kommenden Woche zu machen. Tief über den Tisch gebeugt, schrieb er Daten und Uhrzeiten auf einen Zettel und schob ihn zu den anderen in den Kalender. Vorsichtig versuchte ich es ein weiteres Mal, wollte wissen, was die Ärzte zuletzt gesagt hätten und wie es nach dem Eingriff weitergehe. Sein Gesicht verzog sich, das werde man sehen, sagte er, wurde vage, seine Augen begannen zu schwimmen, bis er, glücklich über den rettenden Einfall, lachend erzählte, was eine Ärztin ihm erst kürzlich auf dem Klinikgang zugerufen hatte: »Mit *den* Knochen werden sie hundert.«

Bestens gelaunt, in Berlin immer bestens gelaunt. Er schipperte mit seiner Enkelin auf einem Spreedampfer durch die frühsommerliche Stadt (und erzählte ihr und den Sitznachbarn, wie er als Kind auf der Jagd nach abgeworfenen Süßigkeiten der Rosinenbomber in Stacheldraht gegriffen und sich die Hand so schlimm aufgerissen hatte, dass die Narbe noch immer zu sehen war). Zu viert besuchten wir seinen Lieblingsitaliener in Steglitz, in dem jeder Gast wie ein Freund mit Handschlag begrüßt wird. Wir schlenderten auch über die *Steglitzer Woche*, einem Rummel wie aus vergangener Zeit am Ufer des Lankwitzer Teltowkanals, aßen Bratwurst im Gedudel der Automaten und dem vernuschelten »Wer will noch mal, wer hat noch nicht« aus dem Kassenhäuschen eines Kettenkarussells.

»Ah, da bist du, meine Junge«, sagte er, wenn wir uns, wie fast jeden Nachmittag, im türkischen Café am Platz vor unserem Haus trafen. Schon von der Straße hatte ich ihn durchs Fenster gesehen: Die Beine übereinandergeschlagen, löste er Sudoku in einem Rätselheft. Die Multifunktionsjacke, die Brille, deren Gläser bei Sonne dunkelten. Telefon, Wasserflasche, *F.A.Z.* Mein Vater inmitten seiner *Siebensachen*.

Und die Krankheit? Solange unsere Tochter in der Nähe war, wurde sie nicht erwähnt, aber auch sonst nur nebenbei, gleichsam am Rande der Gespräche und immer wie etwas, das zwar ernst zu nehmen war (er durfte nicht mehr Auto fahren), dem man aber, solange das Ergebnis der Biopsie nicht vorlag, nicht allzu viel Raum geben sollte, um die gemeinsame Zeit nicht unnötig zu beschweren. Früher oder später würden wir darüber sprechen, das wusste ich, doch da ich ihm nicht die Laune verderben wollte, wartete ich. Ich wartete auf die passende Gelegenheit, darauf, dass er selbst davon anfing. Mein Vater sprach viel und gern über sich, immer schon. Aufschießende Erinnerungen fanden einen unmittelbaren Weg auf seine Zunge, Einschätzungen, Meinungen mussten augenblicklich formuliert und zum Besten gegeben werden. Besonders bei guter Laune rissen ihn die Assoziationen vom *Hölzchen aufs Stöckchen* – doch manchmal erschien mir sein Reden wie das Pfeifen im Walde, eine Verlegenheitslösung, um von etwas anderem – seiner Angst, seiner Empfindlichkeit, einer nie geschlossenen Wunde – abzulenken. Es war etwas Wolkiges um ihn, die Nervosität des Verletzlichen, und die Art, in der er sein Herz auf der Zunge trug, war nicht frei von Perfidie. Seine Impulsivität nahm in Beschlag, nötigte das Gegenüber zu aufmerksamem Zuhören oder zu ebenfalls offenherzigen Bekenntnissen. Gab man etwas von sich preis, verlor er nicht selten die Konzentration, schweifte ab, und man konnte mit dem verdatterten Gefühl zurückbleiben, reingelegt oder gar bestohlen worden zu sein. Die Zeit, in der ich glaubte, gegen dieses In-Beschlag-genommen-Werden opponieren zu müssen, lag nahezu drei Jahrzehnte zurück. Auch wusste er von seinem Hang und versuchte sich, vor allem im Beisein seiner geliebten Enkeltochter, zu beherrschen. Ohnehin hatte ihn die Rolle des Großvaters beruhigt (als sei sie weniger unheimlich als die des Vaters), und mit ihr hatte sich auch zwischen uns eine andere Verbundenheit ergeben. Telefongespräche verliefen in herzlicher Ausgelassenheit, wir sprachen über Zeitungsartikel und Reisevorhaben, und als er begann, eigene Artikel zu veröffentlichen, fragte er mich gelegentlich um Rat. All das hieß aber nicht, dass unser Zusammensein frei war von Beklommenheit und der Angst vor unbeabsichtigter Kränkung.

Ich ahnte, warum er zögerte, über das zu sprechen, was ihn nach der Biopsie erwartete – Bestrahlung oder Chemotherapie. Er war ein Einzelkämpfer, seit der Trennung von meiner Mutter hatte er über Jahrzehnte allein gelebt. Es lag auf der Hand, dass sich mit dem Fortschreiten der Krankheit auch unser sorgsam austariertes Verhältnis wandeln würde. Wir würden die vorsichtige, aus Schutz vor Verletzung eingespielte Halbdistanz hinter uns lassen und aus der Deckung kommen müssen. Ich würde öfter nach Frankfurt fahren und ihn möglicherweise zu Untersuchungen begleiten, vielleicht für ihn einkaufen und zur Apotheke gehen. Er müsste Hilfe annehmen, mir nach und nach Einlass in seinen Alltag gewähren, und irgendwann würden die Ärzte vielleicht nicht mehr mit ihm, sondern mit mir sprechen, und er würde die Hoheit über seine Geschichte verlieren. Ich konnte mir seine Ängste nur vorstellen.

Erst am Abend vor seiner Rückreise – wir saßen zu zweit in unserem Wohnzimmer – sprach er *die Sache* an. Seine kleinen Füße steckten in Wollsocken (seine guten Wandersocken). Er trug Jeans und – wie meistens – einen roten Pullover mit V-Ausschnitt. Er hatte den Oberschenkel leger angewinkelt aufs Sofa gezogen, doch auf seinem Gesicht lag ein banges Lächeln. Mit einer fahrigen Bewegung strich er über seine glatte Stirn.

»Es ist verflixt. Ich habe keine Schmerzen. Ich spüre nichts. Nur manchmal so ein inneres Streifen. Aber da ist was!«, rief er. Dann, eher verwundert als verzweifelt: »Dass da was ist?«

Ich fragte ihn, wie die Sache entdeckt worden sei. Er hatte es mir erzählt, mehrere Male schon, aber ich wollte, dass er von der Freundlichkeit seiner Ärzte sprach, von seiner Hausärztin in Neu-Isenburg, die sich regelmäßig eine Stunde für ihn Zeit nahm, von seinem Orthopäden, von dem Neurologen, schließlich von den Ärzten der Neurochirurgie der Universitätsklinik, ich wollte, dass er von denen erzählte, die jetzt für ihn zählten und auf die er sich verlassen musste. Er habe sich erkundigt, sagte er, die Frankfurter Neurochirurgie sei für ihre fortschrittlichen Methoden international angesehen, da wirkten Koryphäen ihres Fachs. Ich schlug ein weiteres Mal vor, nach Frankfurt zu kommen und ihn zum Eingriff zu begleiten, ein weiteres Mal winkte er ab. »Nein, nein. Komm lieber, wenn es ernst werden sollte«, sagte er, als wollte er den Moment, in dem es mit seinem Alleinkämpfertum vorbei war, hinauszögern, so lange es ihm möglich war. Oder als stehe ihm nur ein begrenztes Maß an Sohnes-Zuwendung zu, das er nicht zu früh aufbrauchen wollte.

Worüber sprechen? Nicht länger über die Krankheit, nein, das ging nicht, genauso unpassend erschien es mir, über etwas anderes zu reden, schon gar nicht über meine Angelegenheiten (am Tag hatte ich erfahren, dass der Verlag einen Roman angenommen hatte). Da war ein seltsames Gefühl, ich weiß nicht, es wehte mich an, verengte mir die Kehle. Woher kam es? Die Seele ist nichts Innerliches, sie reicht von dir, von deiner Haut, bis zur Grenze des anderen. Ich hatte das beklemmende Gefühl, wir könnten zum letzten Mal hier sitzen, hier auf dem dunkelblauen Sofa mit diesem Blick in das Grün der Linden vor den großen Fenstern, mehr noch, zum letzten Mal gemeinsam in Berlin sein, in *unserem* Berlin, in das ich möglicherweise auch seinetwegen zum Studium gekommen war und in dem ich – wer kann das wissen? – vielleicht noch immer gerade *für ihn* die Stellung hielt. Hier in Berlin, wo er als Siebenjähriger im Januar 1944 die Ausbombung des elterlichen Geschäfts- und

Wohnhauses erlebt hatte (und daraufhin wegen eines zurück gebliebenen Schock-Herzens im Amphitheater der Charité als interessanter Fall vorgeführt wurde); hier, wo er als Friedenauer Oberschüler die Liebe zum Theater und zum Reisen entdeckte (besonders die zum Trampen); hier in Berlin, wo ihm aber auch, als er Jahre später mit seiner Verlobten aus Hamburg anreiste, die tiefste Wunde zugefügt worden war: von den Eltern verstoßen und enterbt, weil er es gewagt hatte, eine Ausländerin, eine mittellose Griechin, meine spätere Mutter, mitzubringen.

Früher hat mich seine unerschöpfliche Wut, sein die Grenze zum Tötenwollen überschreitendes Außer-sich-Geraten, ein nie versiegendes, in mich hineinströmendes Gurgeln und Schäumen, unmittelbar mit den Schrecken des zwanzigsten Jahrhunderts verbunden. Mit der Angst vor dem Bombenalarm und dem Schock über den Verlust der Existenz, mit der Gewalt und der Unbarmherzigkeit seiner Eltern.

»Hättest du Lust, mir etwas aus deinem Leben zu erzählen?«, fragte ich.

»Natürlich«, erwiderte er überrascht. Er wusste, dass ich solch ein Wer-weiß-wofür-es-gut-ist-Gespräch vor Jahren mit meiner Mutter geführt hatte. »Natürlich«, wiederholte er erfreut.

Während ich mit zitternden Fingern den Batteriestatus des Aufnahmegeräts prüfte und ein altes Interview löschte, um Speicherplatz zu schaffen, löste sich der Knoten in meinem Hals. Als ich kurz darauf mit Aufnahmegerät, Wasser und Wein aus der Küche zurückkam, war der Knoten wieder da. Mein Vater saß dort, in seinem ausgeleierten Pullover, gespannt auf das, was der Sohn, was ich fragen würde.

»Was ich schon lange wissen wollte …«, begann ich.

»Das Geheimnis!«, unterbrach er mich.

»Ein Geheimnis?«, erwiderte ich verdutzt. »Gibt es denn eins?«

»Nicht dass ich wüsste«, sagte er belustigt. »Du klangst nur so, als käme nun die Frage nach: *dem Geheimnis …*« Sein Spott erleichterte mich. Selten hatte er sich so liebevoll über mich lustig gemacht.

»Na, schieß los, mein Junge. Was willst du wissen?«

Er fuhr nach Frankfurt zurück, und wir telefonierten täglich. Am Abend vor der Biopsie erreichte ich ihn, als er gerade aus der Klinik kam, wo er letzte Einzelheiten seines Aufenthaltes besprochen und die Einverständniserklärung für den Eingriff unterschrieben hatte. Er war aufgewühlt und verärgert, dass die Ärzte ihn zuvor nicht ausreichend auf die möglichen Komplikationen vorbereitet hatten. Geradezu entsetzt war er von der ellenlangen Liste zurückgeprallt.

»Solche Formulare muss man immer unterschreiben«, sagte ich, um ihn zu beruhigen. »Bei jedem Eingriff.«

»Ja, du hast recht, natürlich.«

Tatsächlich stieg seine Laune. Gerührt erzählte er, dass eine Pflegerin – »sie stammt aus Eritrea« – versprochen habe, seine Hand zu halten, wenn er aus der Narkose erwache. Er habe auch mit einem Schulfreund und seiner Patentochter in Leipzig gesprochen. »Du weißt gar nicht, wie sehr mich solche Dinge freuen.« Plötzlich rief er: »Ach, es ist schön, Freunde und Familie zu haben!« Ich wünschte ihm Alles Gute, dann verabschiedeten wir uns, er wollte noch mit meinem Bruder in Athen sprechen. Er melde sich morgen, sobald er nach der Narkose dazu in der Lage sei.

Als ich am folgenden Mittag in meinem Schreibzimmer seinen Anruf erwartete, blinkte eine unbekannte Nummer mit Frankfurter Vorwahl im Display auf. Eine weibliche Stimme sagte »Universitätsklinikum Frankfurt« und nuschelte atemlos einen Namen, den ich kaum hörte.

»Sind Sie der Sohn von Robert Schäfer?«

»Ja«.

»Ihr Vater hat mir diese Nummer hinterlassen.« Sie holte Luft. »Es gab eine Komplikation. Wäre es Ihnen möglich, in die Klinik zu kommen, um zu besprechen, wie wir weiter verfahren?«

Weiter verfahren? Mein Herz schlug mir bis zum Hals.

»Was ist passiert?«

»Das können wir Ihnen am Telefon nicht sagen.«

»Ich komme sofort, aber das wird einige Stunden dauern. Ich bin in Berlin.«

Angesichts meines späten Eintreffens schien sie abzuwägen, worüber sie sprechen durfte und was die Richtlinien ihr eindeutig verboten. War sie eine Ärztin oder Pflegerin, gar die Pflegerin aus Eritrea, die versprochen hatte, die Hand meines Vaters beim Aufwachen aus der Narkose zu halten?

»Ich spreche mit dem Oberarzt«, sagte sie schnell.

Wenige Minuten darauf meldete sich der Oberarzt und teilte mir mit ruhiger Stimme mit, dass die Biopsie zwar gut verlaufen sei, mein Vater im Vorfeld jedoch eine Hirnblutung erlitten hatte.

»Möglicherweise wurde die Blutung durch den hohen Blutdruck ausgelöst, er war sehr aufgeregt. Genau können wir das nicht sagen.« Mit dem Eingriff selbst habe die Blutung nichts zu tun, fuhr er fort, nicht direkt, denn sie sei an einer anderen Stelle im Hirn aufgetreten. »Im Stammhirn«, sagte er und ließ eine Pause. Ich verstand nicht, was er damit andeuten wollte. »Das Stammhirn regelt die wichtigsten Funktionen des Körpers, die Atmung und den Blutdruck. Mit einer Blutung in diesem Hirnbereich ist leider kein Leben mehr möglich.«

Er schwieg.

»Mein Vater wird sterben«, sagte ich nach einer Weile, verwundert über den Klang meiner Stimme.

»Es tut mir leid.«

»Wann?«

»Im Moment ist er stabil. Wir haben ihn ins künstliche Koma versetzt. Sobald die Maschinen abgestellt werden, wird er versterben.«

»Wird er noch einmal aufwachen?«

»Nein.« Als ich darauf nichts erwiderte, sagte er: »Sie sollten – ganz in Ruhe – kommen.«

»Um Abschied zu nehmen«, sagte ich, mehr zu mir als zu ihm. Er ließ erneut eine lange Pause.

»Und um zu entscheiden, wann wir die Maschinen abstellen.«

Das Gespräch ging weiter. Der Arzt erwähnte Uhrzeiten und Behandlungsschritte, um mir ein konkretes Bild von den Abläufen zu vermitteln. Er sagte, dass sie stutzig geworden seien, als mein Vater nicht aus der Narkose erwacht sei – woraufhin sie eine Computertomographie durchgeführt und die Hirnblutung entdeckt hätten. Er sagte, dass der Tumor, wie befürchtet, bösartig gewesen sei und die Prognose ohnehin nicht günstig. Ich betete, dass er weitersprach, nicht aufhören würde zu reden, denn solange ich seine Stimme hörte, war ich nicht allein mit meinem Entsetzen.

Und dann? Saß ich da, in meiner Schöneberger Schreibklause, die plötzlich *anders erscheinenden* Dinge im Blick? Die Teekanne, die Schale, die Bücher? Blickte ich in eine von einem auf den anderen Moment andersfarbige Welt, wie es eine Figur in einem Roman tun würde? Dies ist kein Roman, auch wenn das, was im Entstehen begriffen ist, zwangsläufig romanhafte Züge aufweist. Ich spüre schon die Muster und Bögen entstehen, Motive, Schlüsselmomente, Ankersätze. Und wie beim Romanschreiben zeichnen sich Fluchtpunkte ab, Anhöhen in der Ferne, auf die ich mit ansteigender Spannung zustrebe, weil ich nur eine ungefähre Vorstellung davon habe, wie es danach weitergeht. Einen ersten Fluchtpunkt bildete der Satz: Mein Vater wird sterben.

Ich darf nicht so tun, als lägen die Ereignisse nicht über zwei Jahre zurück. Vorhin habe ich meine Frau zum Zug in die Schweiz gebracht, eben kam unsere Tochter zwischen zwei Stunden Online-Unterricht ins Arbeitszimmer und sagte: »Wir haben nicht genug Parmesan!« Und doch scheint seit damals nichts vergangen, geht es nur und immer wieder um diesen Moment und die Unerschöpflichkeit dessen, was er immer in sich tragen wird: Jetzt ist es also so weit.

Ich weinte jämmerlich.

Habe ich damals wirklich auf dem Teppich gelegen und an die Decke gesehen, bevor ich das Fenster geöffnet und mich weit hinausgebeugt habe, immer weiter hinausgebeugt, um einen Blick in den schmalen Hof mit den Fahrrädern und den Mülltonen zu werfen? Wie durch Nebel erinnere ich mich dagegen genau, dass ich im Laufe der folgenden Telefonate auf und ab gegangen bin, immer die Längsseite des Schreibtisches entlang, während ich mit dem Arzt am Schreibtisch sitzend gesprochen hatte.

Meine Frau aß mit unserer Tochter gerade in einem Restaurant. Ich bat sie, das Lokal zu verlassen, damit unsere Tochter ihr die Nachricht nicht vom Gesicht würde ablesen können. Dann bat ich sie, ihr noch nichts zu sagen.

»Was?« Der sich in die Höhe schraubende Schrei meiner Mutter, die ich in ihrem Hotelzimmer erreichte. In Athen lebend, war sie mit einer Freundin zufällig (was hat das Wort hier verloren?) zwei Tage, nachdem mein Vater Berlin verlassen hatte, zu Besuch gekommen. Dankbar nahm ich zur Kenntnis, dass sie augenblicklich zu schluchzen begann.

Erst auf der Vespa mit den seit Ewigkeiten in Fleisch und Blut übergegangen Abläufen des Fahrens konfrontiert, merkte ich, dass meine Gefasstheit vorgeschützt war. Nicht ich bewegte mich, es war die Stadt, die in Gestalt kulissenhafter Häuserzeilen rechts und links an mir vorüberzog.

Wir saßen auf dem Sofa im Wohnzimmer und weinten, alle drei, auf dem gleichen Sofa, auf dem mein Vater vor wenigen Tagen gesessen und amüsiert »Schieß los, mein Junge. Was willst du wissen?« gesagt hatte. In der Stille fand unsere Tochter als

Erstes die Sprache wieder. Fast trotzig sagte sie: »Er hat aber auch ein *schönes* Leben gehabt. Mit all seinen Reisen!« Sie ging in ihr Zimmer, um Abschiedsbriefe zu schreiben, einen, den ich nach Frankfurt mitnehmen sollte, und einen, den sie draußen auf die Fensterbank klebte, damit er ihn von oben lesen konnte.

In der Nacht träumte ich von ihm. Mein Vater stand auf der anderen Straßenseite an einem Fußgängerübergang. Er trug den roten Pullover mit V-Ausschnitt. Er wartete, ohne mich anzusehen. Er wartete darauf, dass ich die Straße überquerte und zu ihm kam. Der Sohn geht zum Vater. Der Sohn geht zum Vater zurück. Der Sohn geht ein letztes Mal zum Vater.

Meine Eltern hatten sich vor über dreißig Jahren getrennt, aber nie scheiden lassen. Mitte der Achtzigerjahre – ich war fünfzehn und mein Bruder zehn – war mein Vater aus dem Reihenhaus in Zeppelinheim, einer Ortschaft südlich von Frankfurt, ausgezogen. Die ersten Jahre hatte er in einem Hochhaus im benachbarten Neu-Isenburg gelebt, ab Mitte der Neunzigerjahre dann im vierzehnten Stock eines Wohnturms in Sachsenhausen mit Blick über die Frankfurter Skyline, während meine Mutter schon seit zwanzig Jahren wieder in Griechenland lebte. Neue Beziehungen waren entstanden und wieder in die Brüche gegangen. Die letzten Jahre, sie waren beide seit Langem wieder allein: freundschaftliche Annäherung, die Sorge umeinander, telefonischer Austausch über die Söhne und das Enkelkind, auch über finanzielle Dinge. Wenn meine Mutter, wie viele in ihr Land Zurückgekehrte, einmal im Jahr für Arztbesuche nach Deutschland kam, erwartete er sie am Frankfurter Flughafen und ließ es sich nicht nehmen, sie zu dem befreundeten griechischen Ehepaar nach Neu-Isenburg zu fahren, das sie über Wochen beherbergte. Seine Verbundenheit reichte tief: Sobald er etwas Schönes mit seiner Enkelin erlebte, wollte er die Freude mit meiner Mutter teilen. »Das Foto schicken wir Jiajiá nach Athen!« Wie weit wiederum ihr Verantwortungsgefühl ging, hatte sich erst Tage zuvor erwiesen. Sie wolle ihn, sollte sich sein Zustand verschlimmern, gern zu sich nach Athen nehmen, hatte sie mir gesagt. Sie würde in den vorderen Teil der Wohnung ziehen, sodass die hinteren zwei Zimmer frei würden – eines für meinen Vater, eines für eine Pflegerin.

Und nun saßen wir gemeinsam im ICE nach Frankfurt, um zu entscheiden, wann die Maschinen abgestellt würden.

Mein Bruder würde nicht dabei sein. Er leidet unter psychischen Problemen und starker Flugangst und fürchtete, durch die Aufregung aus seinem empfindlichen emotionalen Gleichgewicht zu geraten, das nur die Einnahme einer langwierig zusammengestellten Medikamentenkombination bewahrte. »Ihr macht schon das Richtige«, hatte er am Telefon mit einer Stimme gesagt, aus der ich gleichermaßen Angst und Erleichterung hörte.

Es war ein sonniger Mittwochvormittag, der Zug nur spärlich besetzt. Wir redeten kaum. Ich blickte auf die vorüberziehende Landschaft, versuchte nur an das zu denken, was ich sah, Häuser, Felder, Straßen, verfolgte Fahrradfahrer oder Autos auf Sandwegen, bis sie aus dem Blickfeld glitten. Solange ich die Konzentration hielt, öffnete sich in mir eine überwältigende Klarheit, eine geradezu abstrakte Erkenntnis seines Niemehrdaseins – als würde, während mein Blick an den Erscheinungen der Außenwelt haftete, ein inneres Auge staunend in die Leere des Universums blicken. Trieben die Gedanken zum letzten Telefongespräch – »Mach's gut, mein Junge« – oder zum gemeinsamen Besuch auf der *Steglitzer Woche*, als er sich »Wo soll das nur enden?« murmelnd, erschöpft auf einer Bierbank niederließ: ein Bedauern, so allumfassend, dass ich hätte schreien können.

Als meine Mutter in leise geführten Telefonaten mit Verwandten eine erste Erzählung über das Unbegreifliche breitete – keine Schmerzen, kein Leiden und bis zum Schluss behielt er seine Eigenständigkeit –, erhob ich mich entsetzt, um ihr nicht über den Mund zu fahren.

In einem menschenleeren Gang, die Stirn an die zitternde Scheibe gelehnt, empfand ich das Rasen des Zuges als ähnlich unfassbar wie sein plötzliches Wegsein. Auf dem Weg zurück zu meinem Sitzplatz merkte ich dann, dass inzwischen eine gespenstische Umkehrung stattgefunden hatte. Die Außenwelt mit ihren nüchternen Erscheinungen bot keinen Trost mehr, im Gegenteil: Wohin ich blickte, auf vorbeihuschende Autobahnschilder oder die Deutschlandkarte im Gang – von überall kamen mir Vater-Wörter entgegen. *Northeim. Kasseler Berge. Homberg (Efze).* Als ich auf dem Telefondisplay die Route vom Frankfurter Hauptbahnhof zum Krankenhaus aufrief, schloss ich unwillkürlich die Augen: *Kennedyallee.* Hunderte Male hatte ich den Straßennamen gelesen, der doch nur aus seinem Mund zum Leben erwachte. *Kenne die Allee!*

Die Neurochirurgie der Frankfurter Universitätskliniken ist, wie die neurologische Ambulanz, das Hirngefäßzentrum (Stroke

Unit) und das Epilepsiezentrum im sogenannten Haus 95 untergebracht und in meiner Erinnerung ganz von Bäumen und Wiesen umgeben, von dem dunklen Grün sommerlicher Bäume
und dem helleren Grün ausreichend gewässerter Rasenflächen.
Aus einem geräumigen Foyer führt ein langer Erdgeschossgang
zur breiten Eingangstür der neurochirurgischen Intensivstation. Dort standen wir. Ich betätigte eine Klingel und sprach in
das Knistern der Gegensprechanlange unseren Namen. Die Tür
schwang zurück; sofort verschluckte uns die Flüsteratmosphä-
re der Ausnahmesituation. Eine Schwester (die Schwester aus
Eritrea?) kam uns entgegen und bat freundlich, ihr zu folgen.
Während wir den Flur entlanggingen, kämpfte ich gegen den
Impuls, durch angelehnte oder offene Türen in Patientenzim-
mer zu blicken. Von irgendwoher ertönte ein Schrei, ein lauter
Klagelaut, mehr Ausdruck von Verwirrung als von Schmerz.
War mein Vater doch aufgewacht? Warum sagte die Pflegerin
nichts?

Wir warteten in einem winzigen fensterlosen Besucherraum.
Erst nachdem ich eine Weile auf ein Plakat an der Wand gestarrt hatte, begriff ich, warum das Zimmer so klein war: An
diesem Ort waren Besucher nur in Ausnahmefällen vorgese-
hen. Der Oberarzt erschien. Es war derselbe, der mich gestern
angerufen hatte, und er war erstaunlich jung, Ende dreißig vielleicht. Er führte uns durch einen weiteren Gang in ein weiteres, ebenfalls winziges Zimmer mit mehreren Bildschirmen
und bat uns, Platz zu nehmen. Er bemühte sich um Ruhe und
Klarheit. Er sprach von der Aufregung meines Vaters (sagte er
tatsächlich das Wort *Peak*?). Anschließend zeigte er uns die
Schnittbilder von MRT und CT – vor und nach der Biopsie –

und wies auf die unterschiedlich großen Verdunkelungen im Zentrum der walnussförmigen Struktur. Kleine Verdunkelung: Die Blutung war nicht weit fortgeschritten. Große Verdunkelung: Die Blutung war fortgeschritten und das ausgetretene Blut schon dabei, das Gehirn an den Schädel zu drücken. Ich blickte aus zusammengekniffenen Augen auf das Gehirn meines Vaters, während der Arzt mit der gleichen rücksichtsvoll distanzierten Stimme wie am Telefon nun auch meiner Mutter die Konsequenzen der Stammhirnblutung darlegte: Zerstörung der wichtigsten Funktionen, Schädigung weiterer Bereiche durch erhöhten Innendruck, keine Möglichkeit, die Blutung zu stillen. Sobald wir die Beatmung einstellen ließen, würde mein Vater versterben. Er blickte uns an. Wir sollten uns die Zeit nehmen, die wir bräuchten, sagte er. Etwas an seiner Ruhe schien nicht zu stimmen. Sie kam mir erzwungen oder wenigstens bemüht vor, nicht frei von einem Rechtfertigungswunsch und gleichzeitig wie ein subtil eingesetztes Machtmittel, um uns den Vater und Ehemann noch eine Weile vorzuenthalten, als hätte er, der zuständige Oberarzt (die Station, das Krankenhaus, die Medizin als solche) an diesem Ort so lange Anspruch auf den Patienten, bis wir alle medizinischen Details zur Kenntnis genommen und beglaubigt hätten. Warum zwang er uns, ins Innere des Kopfes meines Vaters zu blicken, bevor wir ihn so sehen durften, wie wir ihn kannten? Dann ging es mir auf: Für den Arzt war mein Vater schon tot. Mir schauderte, als ich verstand, dass wir aus unterschiedlichen Gründen ungeduldig waren. Ich wollte endlich zu meinem Vater, er die unerfreuliche Angelegenheit so schnell wie möglich hinter sich bringen. Doch meine Mutter, die Geschäftsfrau, der es schwerfällt, Tatsachen zu akzeptieren, fragte nach, als gäbe es auch in dieser Situation Spielraum für Verhandlungen.

»Mit an Sicherheit grenzender Wahrscheinlichkeit wird ihr Mann versterben, sobald wir die Beatmung beenden«, wiederholte er.

»Besteht die Möglichkeit, dass er aufwacht?«

»Ja. Aber er würde nicht mehr der Mensch sein, den Sie kennen. Er würde aufwachen und dennoch nicht bei Bewusstsein sein. Er wäre wie im Delirium. Noch einmal: Die Wahrscheinlichkeit dafür ist – nach unserer Erfahrung – verschwindend gering.«

»Und wenn wir uns nicht entschließen könnten, die künstliche Beatmung zu beenden?«

»Dann würde er noch eine geraume Zeit im künstlichen Koma verharren.«

»Er würde leben.«

»Er würde im künstlichen Koma verharren, ja.«

Er führte uns durch die Gänge zurück und steuerte auf die geschlossene Tür des ersten Patientenzimmers zu. Der Gedanke, dass wir nach Betreten der Station ahnungslos an meinem Vater vorübergegangen waren, versetzte mir einen schmerzhaften Stich, dann empfand ich Erleichterung. Wir waren ihm nie so nah gewesen wie in dem Moment, als wir vor der Tür bang auf Einlass gewartet hatten.

Er lag in einem Bett am Fenster, umgeben von einer medizinischen Aureole aus Kontrollmonitoren, Infusionsständern, Gelenkarmen und Maschinen auf Rollwagen. Aus einem Gerät führte der Beatmungsschlauch in seinen Mund, der durch ein unter dem Kinn entlanggeführtes Band am Aufklappen gehindert wurde. Seine Augen waren geschlossen (was hatte ich befürchtet?). Er wirkte greisenhaft und jung zugleich. Die von der Arthrose vergrößerten Fingerknöchel fielen nun, da die Hände unbewegt neben dem Körper lagen, stärker ins Auge. Sein kurzes Haar, frisch gewaschen, war dagegen fein wie das eines Jungen; wie durch ein Vergrößerungsglas glaubte ich jedes einzeln unterscheiden zu können, während in gleichbleibendem Rhythmus die Maschine Luft in seine Lunge pumpte und den Brustkorb unter dem blau gemusterten Stoff anhob und wieder sinken ließ. Unter seinem Ohrläppchen entdeckte ich ein winziges, mit Kugelschreiber auf den Hals gezeichnetes Markierungskreuz. Er trug nur das dünne Hemd und weiße Kompressionsstrümpfe. Ich hatte das Bedürfnis, ihn zuzudecken.

»Hallo Papa«, sagte ich. Als ich seine knöcherne Schläfe berührte, brach ich in Tränen aus.

Der Arzt hatte sich zurückgezogen. Ich holte Stühle, wir setzten uns. Mit einem Mal waren alle Ängste von mir abgefallen, auch das schlechte Gewissen, ihn nicht begleitet zu haben. Bei ihm zu sein besänftigte mich, ich wollte ewig dort sitzen, vorgebeugt, leise flüsternd (oder sprach ich nur im Stillen?). Alles, was geschehen war und gerade geschah, erschien mir selbstverständlich, wie an den rechten Platz gerückt. Ich konnte das Wesen dieses Ablaufs nicht begreifen, empfand aber seine Richtigkeit. Aus der Ferne waren das Quietschen von Gummisohlen und aufgeregte Stimmen zu vernehmen – hinter der geschlossenen Tür und doch Äonen entfernt wurde ein Notfall eingeliefert.

Als wir gingen, begegnete uns die Pflegerin, die uns zum Besucherzimmer begleitet hatte. »Es tut mir *so* leid«, formten ihre

Lippen nahezu lautlos. Kurz drückte sie die Hand meiner Mutter und eilte weiter.

Wir nahmen ein Taxi nach Neu-Isenburg zu den griechischen Freunden meiner Mutter, auf meinem Schoß die Schuhe meines Vaters, seine braunen Halbschuhe mit den Einlagen, die er sich vor wenigen Tagen noch, auf einer Stufe im Treppenhaus vor unserer Wohnung sitzend, mit schnellen, kräftigen Bewegungen gebunden hatte. Zwischen meiner Mutter und mir die schwarze Umhängetasche, mit der er am gestrigen Morgen in die Klinik gefahren war. Socken, gefaltete Unterwäsche, ein kleines Necessaire mit Zahnbürste und Waschzeug. Kamm. Telefon. Brieftasche. Schlüsselbund. Sein Portemonnaie, aus dem mich, als ich es noch am Spind im Krankenhaus stehend aufgeklappt hatte, sein erschrocken-strenges Gesicht vom Personalausweis angesehen hatte. Inzwischen ahnte ich, warum der Arzt sich so viel Zeit gelassen hatte. Er hatte darauf gewartet, dass wir die naheliegende Frage stellten, doch wir hatten das Offensichtliche nicht sehen können oder wollen – nicht im Krankenhaus. Warum war die Biopsie überhaupt durchgeführt worden, warum hatte man eine Nadel durch den Schädel meines Vaters gestochen und eine Gewebeprobe des Tumors entnommen, wenn die Hirnblutung, wie auf der Kernspintomographie vor dem Eingriff ersichtlich, schon eingesetzt hatte? Es gab darauf nur eine Antwort: Der Chirurg oder der Radiologe oder wer immer die Bilder ausgewertet hatte, musste die Blutung übersehen haben. Wahrscheinlich hatte man nur jenen Bereichen Aufmerksamkeit geschenkt, die für die Bestimmung des Nadeleinstichs relevant waren. Die Gedanken meiner Mutter führten in eine ähnliche Richtung.

»Die Ärzte haben einen Fehler gemacht«, sagte sie ruhig, während wir auf einer schnurgeraden Straße den Stadtwald durchschnitten.

»Mag sein.« Ich wollte – noch immer von der Ruhe, die mich am Bett des Vaters überkommen hatte, von dem Einverständnis mit allem erfüllt – nicht darüber nachdenken. Ich war dem Arzt insgeheim sogar dankbar für seine Aussparung. Wenigstens hatte er uns in diesem Moment nicht auf einen Nebenschauplatz geführt, auf das Empörungsfeld von Rekonstruktionen, Herleitungen und möglichen Schuldzuweisungen.

Kreise und seltsame Zusammenhänge. Wer entscheidet, ab welchem Punkt etwas – ein Geschehen – magisch zu nennen wäre? Nur man selbst (ich). Es existiert keine Instanz, die das Vorhandensein und den Grad oder die Dichte des Magischen feststellen und beglaubigen könnte. Absurde Vorstellung: ein Gutachter des Magischen, ähnlich eines psychologischen Gutachters, der die Grenze bestimmt. Bis hier im Rahmen der Norm, ab dort (sozusagen) magisch. Die Empfindung des Magischen bleibt eine Empfindung, also subjektiv, obwohl sie die Erfahrung von etwas Allgemeinem ist oder zu sein scheint. Ist das Magische eine Realität oder entsteht seine Erfahrung aus einer nach Trost und Beruhigung suchenden Wahrnehmungsweise? Und wenn das Magische real sein sollte – was folgt aus ihm? Nichts. Nichts als Staunen und der hilflose Drang, von ihm zu erzählen.

Bögen, die sich nun in meiner Vorstellung schlossen: War mein Vater bei seinem Berlin-Besuch nicht noch einmal spontan ans Meer gefahren – um halb sechs im Zug gen Wismar und am späten Abend zurück –, als wollte er *ein letztes Mal* das Abenteuer des Aufbruchs erleben? Hatte er in Berlin nicht noch einmal gleich zwei seiner Lieblingsopern – *La Traviata* und *Tosca* – sehen können? Hatte er meiner Frau mit spitzbübischer Heiterkeit nicht anvertraut, sich endlich mit seiner notorischen Unordnung abgefunden zu haben – als hätte er doch noch Frieden mit dem ihn unablässig herabsetzenden Feind in sich selbst schließen können? Und unser Gespräch zu zweit im Wohnzimmer: Hatte er nicht im letzten Moment noch einmal von seinen wichtigsten Kindheitserinnerungen erzählt, unter anderem von der Ausbombung im Januar 44, als er als Siebenjähriger schlaftrunken aus dem Bunker auf die Straße getaumelt war und Flammen aus dem getroffenen Haus aufsteigen gesehen hatte? Und daraus schloss ich was genau? Eine Art Lebensabschlussstimmigkeit? Wenige Stunden zuvor hatte ich meiner Mutter die Es-ist-besser-so-Erzählung verbieten wollen – nun erblickte ich selbst überall Zeichen einer Fügung.

Meine Eltern hatten eine deutsche Ehe geführt. Meine Mutter war als achtzehnjähriges Mädchen aus Giannitsá, einer kleinen Stadt bei Thessaloníki, zum Studium nach Hamburg gekommen, und als sie dort meinen Vater, Revisor bei der Coop Genossenschaft, kennenlernte und die beiden heirateten, pflegten sie zwar einen engen Kontakt zu den ebenfalls in Hamburg lebenden Brüdern meiner Mutter, verkehrten sonst aber nur mit ihren deutschen Kommilitonen und den Freunden meines Vaters. Bald sprach meine Mutter ein nahezu akzentfreies Deutsch, während das Griechisch meines Vaters nie über die Redewendungen zur Begrüßung hinauskam. Auch als die junge Familie – die Söhne waren geboren – wegen einer Versetzung des Vaters in die Nähe von Frankfurt zog, änderte sich daran nichts. Der einzige nichtdeutsche Kontakt bestand zu einer griechischen Zahnärztin, einer vornehmen Pelzmantelerscheinung in hochhackigen Schuhen, die mit ihrem schiffsgroßen BMW langsam durch die stillen Straßen des Ortes kurvte. Erst in den Jahren vor der Trennung begann meine Mutter die Treffen und Feste der griechischen Gemeinde Neu-Isenburgs zu besuchen, mischte sich unter die sogenannten Gastarbeiter, von denen die meisten wie sie einst aus dem bitterarmen Norden Griechenlands aufgebrochen waren, aus Thessaloníki, Dráma oder Kavála kurz vor der Grenze zur Türkei, als würde sie ihre lange vergessene Herkunft wiederentdecken. Und sie knüpfte Freundschaften, die bis heute halten.

Damals ging auch ich als Vierzehn- oder Fünfzehnjähriger bei Giannis und Maria, den Freunden meiner Mutter, ein und aus. Einmal in der Woche überbrückte ich in ihrer Wohnung die Stunden zwischen dem Vormittag in einem Frankfurter Gymnasium und dem nachmittäglichen sogenannten muttersprachlichen Unterricht in einer Isenburger Grundschule. Auch wenn ich die Atmosphäre unter den Einwandererkindern mochte, Sprösslinge von Arbeitern oder griechischen Restaurantbesitzern, fühlte ich mich nicht zugehörig. Weder hatte ich den Ehrgeiz, gutes Griechisch zu sprechen, noch gefielen mir die plumpen Appelle der Lehrerin an einen griechischen Nationalstolz, und so verlor ich bald die Lust, beendete die Einübung ins Grieche-sein von einem auf den anderen Tag und sah danach auch Giannis und Maria nur noch selten. Noch immer leben die beiden in einer kleinen Wohnung direkt gegenüber einem Einkaufszentrum – anders als meine Mutter waren sie wegen ihres in der Nähe wohnenden Sohnes nie in die Heimat zurückgekehrt.

»Komm rein, Andreas«, sagte Giannis, als wären seit unserer letzten Begegnung nicht zwanzig Jahre vergangen. Er war von sehniger Unverwüstlichkeit und fuhr, wie meine Mutter erzählte, noch immer zweimal im Jahr mit dem Auto die Strecke nach Thessaloníki, auf der alten, anstrengenden Route durch den Flickenteppich des ehemaligen Jugoslawien, die früher *Autoput* genannt wurde. Maria, seine Frau, das Haar im Nacken zum Dutt gefasst und quirlig wie eh und je, begrüßte uns, Tränen in den Augen. Im kleinen Wohnzimmer hatte sich nichts verändert, die breite Schrankwand, der Teppich über der Auslegeware, die gehäkelten Decken und im Zentrum von allem: der Fernseher. Ich ließ mich ins Polster des Sessels wie in das Interieur eines Genrebildes nieder (Wohnzimmer einer Einwandererfamilie, Deutschland 1984); sofort nahm das vertraute Dörflergefühl von mir Besitz, das mit dem Hören des Griechischen verbunden ist, einer Sprache, die für mich jedes Mal neu aus den Tiefen eines alten Schweigens zu entstehen scheint. Έτσι είναι. So ist es. Τι μπορείς να κάνεις; Was kann man schon machen?

Maria brachte Kaffee und Kouloúria mit Puderzucker auf Untertassen. Giannis erzählte, dass mein Vater vor einigen Wochen auf dem Weg zu einer Ärztin spontan vorbeigekommen sei und nichts anderes gewollt habe, als ein wenig zu reden. Er habe von seinen Reisen nach Griechenland erzählt, von den Dutzenden Inseln, die er in den letzten Jahren besucht hatte, und habe sich danach für Giannis' offenes Ohr bedankt. Meine Mutter nahm diese Geschichte mit einem fast abwesenden Nicken zur Kenntnis. Ihre Arme ruhten auf den gemusterten Lehnen des Sessels, während sich auf ihrem noch immer jung wirkenden Gesicht die nachlassende Anspannung als ein leicht erstarrtes Lächeln abzeichnete. Ich war dankbar, sie unter Freunden zu wissen, in *ihrer* griechischen Welt. Sie hatte in Deutschland als Hochbauingenieurin gearbeitet und nach der Trennung erfolgreich ein eigenes Geschäft geführt, Fenster und Türen an Deutsch-Griechen verkauft; doch seit sie wieder in Griechenland lebte, war ihr die Deutschland-Selbstverständlichkeit abhandengekommen. Sie bewegte sich von einer griechischen Enklave zur anderen, von Neu-Isenburg nach Hamburg, wo sie bei ihrem jüngeren Bruder wohnte, unternahm auch zu uns nach Berlin nur kurze Abstecher, meist in Begleitung ihres Bruders oder einer Freundin, als sei ihr unser Berliner Künstlerleben mit den viel zu weitmaschigen Kontaktgewohnheiten, die ich zu ihr pflegte, nicht ganz geheuer und ein steter Quell sanfter Enttäuschungen. Hier, bei ihren Freunden, herrschte die Nestwärme einer fraglosen Zugehörigkeit; hier schien die Zeit nicht zu vergehen und alles zu bleiben, wie es immer schon war.

Ich sah auf die Schuhe meines Vaters, sie standen nur wenige Meter entfernt im Flur. Meine Mutter hatte sie mir abnehmen wollen, als ich ihre Tasche vom Taxi durch die Treppenstiege in den ersten Stock schleppte, aber ich gab die Schuhe nicht aus der Hand und stellte sie, kaum hatte ich die Wohnung betreten, neben den Schuhschrank auf den Boden. Ich dachte daran, dass mein Vater immer gegangen war, während meine Mutter die meiste Zeit saß. Für sie stellte es keine Schwierigkeit dar, ihre Wohnung tagelang nicht zu verlassen, während mein Vater stets schnell aufgesprungen und hinausgestürmt war, aus dem Zimmer, aus seiner Wohnung, damals aus unserem Haus. Meine Mutter saß, auch in Athen saß sie die meiste Zeit auf dem gelben Ledersofa mit Blick auf die Akropolis, ihr Kopf war unablässig mit Vorhaben beschäftigt, aber für deren Umsetzung brauchte sie nicht aufzustehen, dafür genügte der Griff zum Telefon. Sie saß, während mein Vater kurz nach dem Aufwachen als Erstes das Haus verlassen hatte. Wasser ins Gesicht – und raus. Es trieb ihn an die frische Luft, unter Menschen, und die letzten Jahre hatte er den Tag mit einem Frühstück im Neu-Isenburger Café Ernst begonnen. Jeden Morgen hatte er im Café Ernst ein bescheidenes Frühstück eingenommen, ein, zwei Tassen Kaffee, ein belegtes Brötchen. Zeitung lesen, Notizen machen, ein kurzes Gespräch mit der Kellnerin, so begann der gute Tag. Auch während seines letzten Besuchs in Berlin hatte er nicht in seinem Hotel, sondern *außer Haus* gefrühstückt. Er war in ein Café am Stuttgarter Platz gegangen, oder er hatte die andere Richtung eingeschlagen und am Savignyplatz die S-Bahn zum Bahnhof Friedrichstraße bestiegen, denn am liebsten hatte er im Café Einstein Unter den Linden gefrühstückt, nicht täglich, jeden zweiten oder dritten Tag, denn ein Besuch im Café Einstein sollte etwas Außergewöhnliches bleiben, ein morgendliches Fest. Wenn er im Café Einstein frühstückte, brachte er seiner Enkeltochter jedes Mal etwas mit, um seine Freude zu verlängern und mit ihr zu teilen. Er brachte ihr ein kleines französisches Gebäck, eine Madeleine, die er in einer winzigen Frischhaltebox von IKEA verstaute und vor Austrocknung bewahrte. Eine von diesen luftdicht verpackten Gaben, fiel mir mit Schrecken ein, lag noch auf dem Fensterbrett in der Küche oder in unserem Kühlschrank. Mein Vater hatte Proust nie gelesen. Er wusste nicht, was jeder, der auch nur den Anfang von *Auf der Suche nach der verlorenen Zeit* gelesen hatte, mit dem Geschmack einer Madeleine verband – die unmittelbare Gegenwärtigkeit vergangener Erlebnisse, das plötzliche Eintauchen in den Strom der Erinnerungen. Das Einzige, was nach dem Besuch meines Vaters in Berlin geblieben war – eine Madeleine.

Der Anblick meiner Mutter beruhigte mich. Die feinen geschwungenen Augenbrauen, ihre ausgeprägte Nase, die vertraute Ferne und die seelenvolle Abwesenheit ihres Ausdrucks. Dachte sie an die letzte Begegnung mit meinem Vater vor wenigen Wochen, an ihr letztes Gespräch auf der Terrasse der Oberschweinstiege, nur wenige Kilometer entfernt im Frankfurter Stadtwald?

Als meine Eltern noch zusammen waren, stritten sie viel miteinander, auch vor uns, den Kindern. Meine Mutter war laut geworden, herrisch, hatte ihren Kopf durchsetzen wollen. Mein Vater war schimpfend hinter ihr hergegangen, dabei erbarmungslos ihre Fehler, Kränkungen, Unverschämtheiten aufzählend. Er hatte sie verfolgt, vom Wohnzimmer in die Küche und wieder durch den Flur ins Wohnzimmer zurück. »Ich konnte nicht mehr, ich wäre krank geworden«, hatte sie Jahre nach der Trennung zu mir gesagt. Meine Eltern hatten auf offener Bühne gestritten, doch obwohl ich ungewollt Einblicke in ihre Ehe erhielt, weiß ich kaum etwas von ihr. Die geheime Dramaturgie ihrer Auseinandersetzungen blieb mir genauso rätselhaft wie das Gute, Weiche und Starke, das sie offenbar bis heute verband und dessen Abglanz ich im abwesenden, scheuen

Lächeln meiner Mutter zu erkennen glaubte. Ich wartete, bis sie mich wieder ansah.

»Ich fahre jetzt«, sagte ich.

»Gut«, antwortete sie.

Doch der eigentümliche Eindruck von stillstehender Zeit ließ auch nicht nach, als ich die Wohnung verlassen hatte und vor dem Haus an einer Bushaltestelle stand. Für einen Augenblick wusste ich nicht, wohin. Es war heiß und schwül. Ich blickte zum Wettbüro und zum Döner-Imbiss, und als ein aus Frankfurt kommender Bus mit schnaufenden Bremsen hielt, glaubte ich für einen Moment, mich selbst als Fünfzehnjährigen herausspringen und hinter den dunklen Glastüren des Isenburg-Zentrums verschwinden zu sehen. Das dunkle Haar, die Bomberjacke, die Levi's mit den Rissen. Thymiandüfte griechischer Grillorgien stiegen mir in die Nase und beschworen die Klänge der Gemeindefeste herauf; Feste, auf denen Bouzouki-Spieler, Zigarette zwischen Mittel- und Ringfinger geklemmt, jene immer gleichen Lieder anstimmten (*mein Thessaloníki, du armes Mütterchen)*, die ohne Hemmung ins Herz der Sehnsucht schnitten und die ich für ihren Sog gleichermaßen geliebt und gefürchtet hatte. Dann hämmerten die stumpf metallischen Echo-Klänge von Depeche Modes *Everything Counts* durch meinen Kopf, und mit schmerzhafter Intensität war mir das erste allein besuchte Konzert in der Hugenottenhalle, *Construction Time Again Tour,* Dezember 83 gegenwärtig. Mein Vater – da bist du wieder! – hatte mich abgeholt, auf dem Parkplatz im Wagen wartend, dort hinten, nicht weiter als hundert Meter entfernt, mit aufgeregt und danach neugierig fragend, wie es gewesen sei. Lebte er noch bei uns oder war er schon

hinübergewechselt in sein bis gestern andauerndes Hochhaus-
leben? Oder fiel mein erstes allein besuchtes Konzert genau in
jene Zeit vor dem Auszug, als er, wie er mir einmal erzählt hatte, verzweifelt über das bevorstehende Auseinanderbrechen der
Familie, jeden Morgen weinend auf der A5 ins Büro nach Niederrad gefahren war?

Über den Vater schreiben heißt: Alles ist Schreiben. Das Warten und Sitzen und ungeduldig nach dem Essen aufspringen.
Das Kreisen der schmerzenden Schulter und der sinnlose Griff
nach dem Telefon. Das Im-Bett-Liegen, noch in Straßenklei-
dung, während Frau und Tochter sich im Nebenzimmer un-
terhalten. Die Wonnen des Sich-gehen-Lassens und Immer-
bei-ihm-Seins. Ich krieche vor dir, mein Herr und Gebieter, ich
wiege dich als Baby im Arm. Und auch das ist Schreiben über
den Vater: der Gruß eines älteren Herren beim gegenseitigen
Vortrittlassen an der schlammbraunen Pfütze, ein Lächeln, als
würden wir uns kennen.

Endlich erreichte ich den Taxistand, und als wiederholte ich die
Flucht des Heranwachsenden, wechselte ich auch nun die Welten und ließ mich aus dem migrantisch-engen, immer schwü-
len Neu-Isenburg ins großbürgerliche Elternhaus des guten
Freundes auf den Sachsenhäuser Berg fahren; zwischen Klein-
gärten versteckt und von Steinlöwen bewacht war es mir damals ein Sesam-öffne-Dich zu einer anderen Lebensweise geworden.

»Wie geht es deinem Vater?«, fragte die Mutter des Freundes, noch während sie unter den hängenden Birkenzweigen mit

schnellen Schritten zum Tor kam. Seit dem Tod ihres Mannes vor einigen Jahren bewohnte sie das große Haus mit dem Spitzdach und dem Cembalo im Salon allein. Zuletzt hatten wir uns auf seiner Beerdigung gesehen, und die reinherzige Selbstverständlichkeit, mit der sie mich aufnahm, hätte mich auf dem Plattenweg durch den Garten um ein Haar erneut die Fassung verlieren lassen. »Ich habe dir das Zimmer im Anbau zurechtgemacht. Du kannst bleiben, so lange du willst, und auch mein Auto benutzen, wenn du es brauchst.«

Wir betraten das stille Haus, sie überreichte mir Schlüssel, erklärte Eigenarten von Garten- und Garagentor. Solange ich mich frisch mache, wolle sie uns Tee und Brote zubereiten, sagte sie und ging in die Küche.

Und der Vater lag noch immer im ersten Zimmer rechts auf der Intensivstation der Frankfurter Neurochirurgie, angeschlossen an eine Maschine, die seine Lungenbläschen mit Sauerstoff versorgte und mit jedem schnaufenden Luft-Einführen seinen schwachen Brustkorb hob, während ich das kleine Fenster im Anbau öffnete und über die blühenden Gärten Sachsenhausens blickte. Ich dachte an seine Wohnung in der Hochhausanlage auf der anderen Seite des Südfriedhofs, einen Steinwurf entfernt. Ich fürchtete mich vor dieser Wohnung. Ich fürchtete mich vor den Spuren seines morgendlichen Aufbruchs, vor seiner an den Dingen ablesbaren Aufgewühltheit und war froh, nicht dort oder in einem Hotel übernachten zu müssen, ich war dankbar, ein Zimmer für mich allein beziehen zu dürfen, ein Zimmer mit einem Doppelbett, einem Schreibtisch vor einem der zwei kleinen Fenster, dazu ein eigenes Bad mit den schönen alten, mir noch aus der Jugend vertrauten cremefarbenen Kacheln. Ich klopfte an die Wand, legte die Handfläche an das kühle Gemäuer, als wollte ich prüfen, ob es meinen Gefühlsstürmen standhalten würde.

Entscheiden, wann die Maschinen abgestellt werden, also demjenigen, dem man das Dasein verdankt, das seine nehmen – das widersprach den Gesetzen. Gesetzen, die man vielleicht ewig nennen könnte, weil sie nirgends niedergeschrieben sind, und deren schwindelmachende Kraft man erst am eigenen Leib erfährt, wenn man dabei ist, sie zu übertreten. Die Konsequenz dieser Forderung bekam mit jeder weiteren Stunde eine gespenstischere Dimension; jedes Mal, wenn ich ihren Grund berührt zu haben glaubte, öffnete sich eine weitere Falltür, und ich sank in den nächst tieferen Schreckraum hinab. Schloss sich nicht auch mit dieser Forderung ein Bogen? Hatte der Vater sich nicht – bewusst oder unbewusst – früh in die Hände des Sohnes begeben und ihm eine Rolle zugewiesen, die ihm nicht zustand?

Ich dachte an eine Szene, von der er mir immer wieder erzählt hatte. Kurz nach der Geburt meines Bruders waren er und ich allein zum Wandern in die Alpen gefahren. Wir erklommen Gipfel um Gipfel, nächtigten in Hütten, heimsten Stempel nach Stempel ein, um am Ende die ersehnte *Wandernadel* in Empfang zu nehmen. Doch irgendwann wollte ich nicht mehr. Während eines Aufstiegs verlor ich unterhalb des Gipfels schlagartig die Lust. Er bat, er bettelte – ich tat keinen Schritt, ließ mich auch nicht mit dem Versprechen auf Schokolade und dem guten Quellwasser aus der Feldflasche locken. Ungeduld, Streit, bis ich wütend rief: »Ich fahre nie wieder mit dir in den Urlaub!« Er war gekränkt, tödlich geradezu und so lang anhaltend, dass er selbst Jahrzehnte später nur mit zitternder Stimme davon berichten konnte. Ich selbst habe keine Erinnerung an die Szene, aber seine Version hat sich mir eingebrannt, als enthielte sie die Antwort auf eines der Rätsel unserer Verbundenheit. Die Verletzung, die aus ihr sprach. War er tatsächlich so ungeschützt den Launen eines kleinen Kindes ausgeliefert gewesen? Welche Macht hatte er mir zugeschoben, wenn er sich von der Wut eines Fünfjährigen aus der Bahn werfen ließ? War ich für ihn damals nicht zu einer Art Zwergdämon angewachsen, zu einer Gefahr, vor deren schmerzhaften Äußerungen man sich besser in Acht nahm? Die Geschichte passte zu dem Gebot, dem ich intuitiv schon immer gefolgt war: eigene Gefühle lieber für mich zu behalten und ihn wie ein hochempfindliches Wesen zu behandeln – als hätten wir die Rollen vertauscht, als sei nicht er, sondern ich der Verantwortliche.

Später saß ich mit der Mutter des Freundes im weitläufigen Wohnzimmer. Auch hier hatte sich kaum etwas verändert. Der Ohrensessel. Der Glastisch mit den literarischen Neuerscheinungen und den medizinischen Fachzeitschriften. Die Autografensammlung von Johann Sebastian Bach im Regal hinter dem Cembalo. Vor dreißig Jahren hatte ich hier im Familienkreis aus ersten eigenen Geschichten vorgelesen; nun erzählte ich ihr, der Ärztin, von dem möglichen Behandlungsfehler, von der Biopsie, die durchgeführt worden war, nachdem die Hirnblutung eingesetzt hatte, und dass die Undurchsichtigkeit der Zusammenhänge und der Schwebezustand des künstlichen Komas mich verwirrten. Sie war aufmerksam, gedankenhell, trotz ihrer dreiundachtzig Jahre, sie war ähnlich willensstark und pragmatisch wie meine Mutter, nur auf eine andere, weniger mittelalterlich geheimnisvolle Weise. Irgendwann lächelte sie bedauernd, schüttelte den Kopf, als müsste sie mir auf die Sprünge helfen.

»Ihr könnt euren Vater nicht zurückholen«, sagte sie. »Ihr könnt nur noch entscheiden, wann ihr so weit seid, ihn gehen zu lassen.«

Am nächsten Morgen fuhr ich erneut nach Neu-Isenburg, nun am Steuer des geliehenen Autos, einem silbergrauen Audi A2. Ich fuhr am Südfriedhof und der Sachsenhäuser Warte und den Grabmalgärten der Steinmetze vorbei in den Wald hinein. Die Straße verläuft in Wellen, es ist ein sanftes Auf und Ab, ein Schweben fast. Schon als Schüler habe ich die kurze Strecke zwischen Neu-Isenburg und Frankfurt geliebt, der Abschnitt hat etwas märchenhaft Verwunschenes; eine Verwandlung ging auf den wenigen Kilometern in mir vor, Erwartung und Vorfreude machten sich breit, wenn ich an den Abenden die Kuppe des Sachsenhäuser Bergs erreichte und sich unter mir das Funkeln der Stadt ausbreitete, ein Erwartungsrausch, während ich in die Frankfurter Nacht hineinrollte. Doch jetzt fuhr ich in die entgegengesetzte Richtung. Ich wollte nicht schon wieder nach Neu-Isenburg und fürchtete, wie am Tag zuvor, von einem Zeitloch verschlungen und erneut als Jugendlicher ausgespuckt zu werden. Ungeduldig steuerte ich den Wagen in den Hof und wendete. Meine Mutter stand vor dem Haus. Dunkle Sonnenbrille, Seidenhalstuch, Handtasche über der Schulter. Schweigend stieg sie ein, ich wartete, bis sie angeschnallt war, bevor ich den Weg zurück nach Frankfurt einschlug. Doch als wir den Abzweig zur Bahnhofstraße erreichten, bog ich unvermittelt ab. Meiner Mutter entfuhr nicht mehr als ein Laut der Überraschung. Niemand sagte etwas, während wir die eintönigen Siedlungshäuser passierten und ich nach dem Ziel des Umwegs Ausschau hielt. Ich glaubte schon, mich geirrt zu haben, da erblickte ich die spiegelnde Fensterfront; mit klopfendem Herzen las ich den Schriftzug Café Ernst und hielt auf dem Seitenstreifen. Eine Verkäuferin hinter der Theke bediente gerade einen Kunden. Im gleichen Moment trat eine Kellnerin mit einem Tablett durch die Seitentür auf die Terrasse hinaus. Blond, kurzhaarig, etwa vierzig Jahre alt. Hatte sie meinem Vater jeden Morgen sein Frühstück serviert und bei dieser Gelegenheit ein paar Worte mit ihm gewechselt? Eine Bedienung, hatte er mir erzählt, sei ihm über die Jahre besonders ans Herz gewachsen. Hatte er mit dieser Frau im blau-weiß gestreiften Hemd Anekdoten über ihre halbwüchsige Tochter und seine Enkelin in Berlin getauscht? Wunderte es sie schon, dass er nicht mehr kam? Wie viel Zeit müsste vergehen, bis sie begriff, dass dem kauzigen Stammgast, der jeden Morgen als Erstes seine Zettel, Stifte und Kalender auf dem Tisch verteilte, etwas zugestoßen sein musste, wie viele Wochen, bis ihr der Satz *Er ist wohl gestorben* mit Bedauern durch den Kopf ging? Oder war er für sie nur einer von vielen bemitleidenswerten Alten, einer, den sie nicht vermissen würde, einer, den sie wegen seines Extrawunschs nur *Die-zweite-Portion-Kondensmilch* genannt hatte? Schweigend saßen wir bei laufendem Motor vor dem Café Ernst. Meine Mutter nestelte an ihrem Halstuch und wartete, dass ich endlich weiterfuhr. Erst als Neu-Isenburg hinter uns lag, ergriff sie das Wort, als hätte sie die ganze Zeit auf den Moment gewartet.

»Ich habe es mir überlegt. Was ist, wenn Robert doch aufwacht? Man weiß nie, was geschieht. Vielleicht erholt er sich gerade und schlägt bald die Augen wieder auf?«

Ich antwortete nicht. Hielt sie das Koma für einen heilenden Schlaf, für einen mysteriösen Regenerationsvorgang, in dessen Schutz sich *das Wunder* ereignen würde? Wie lange wollte sie die künstliche Beatmung andauern lassen, Wochen, Monate gar? Aber vielleicht hatte sie das nur gesagt, weil sie wissen wollte, was ich dachte. Ich hatte keine Hoffnung mehr. Das Gespräch mit der Mutter des Freundes hatte auch die letzten irrationalen Zuckungen eliminiert. Stattdessen hatte sich der Eindruck verstärkt, von der Eigendynamik der Ereignisse mitgerissen zu werden, von einem Strom ergriffen worden zu sein und nur noch die Wahl zu haben, in seiner wirbelnden Mitte oder weiter außen zu treiben, am Rand, dort, wo es ruhiger und langsamer zuging.

»Wir werden sehen«, sagte ich.

Inzwischen hatten wir die Stadtgrenze erreicht und rollten durch die Einfamilienhaussiedlung, an deren südlichem Rand das Hochhaus stand, in dem mein Vater seit fast einem Vierteljahrhundert gelebt hatte. Das achtzehnstöckige Gebäude war Teil eines Komplexes, der – Anfang der Siebzigerjahre erbaut – seinen schlechten Ruf erst mit der in den letzten Jahren eingesetzten Wohnungsknappheit zu verlieren begann. Tatsächlich gehörte die Wohnung im vierzehnten Stock nicht ihm, sondern meiner Mutter. Sie hatte sie Anfang der Neunzigerjahre erworben, als noch nicht sicher war, dass sie im Alter nach Griechenland zurückkehren würde. Das Apartment verfügte auf hundert Quadratmetern über drei Zimmer, zwei Bäder, eine offene Küche, bodentiefe Fenster und einen Balkon mit atemberaubendem Blick über Frankfurt. Die spektakuläre Aussicht, der großzügige Wohnungsschnitt und die Gemeinschaftssauna im Keller lassen vermuten, dass man bei der Planung eine gut situierte Bewohnerschaft im Sinn gehabt hatte; tatsächlich war sie innerhalb weniger Jahre zu einer Zweiklassengesellschaft zerfallen. In den größeren Wohnungen lebten die Eigentümer, Angestellte oder pensionierte Lehrer, während die kleineren Einheiten von sozial schwachen Familien und Einwanderern bewohnt wurden. Meine Mutter hatte das Apartment zuerst an einen Immobilienmakler vermietet, später einer Roma-Familie überlassen, die nach wenigen Monaten die Mietzahlung einstellte. Nach dem langwierigen Räumungsverfahren zog mein Vater ein. Er hatte seine Krebserkrankung gut überstanden und sich erst kürzlich als Unternehmensberater selbstständig gemacht; das Arrangement kam beiden entgegen. Er konnte das vordere Zimmer als Büro nutzen, meine Mutter war die Sorge los, dauerhaft zahlende Mieter zu finden.

Für mich waren die seltenen Besuche in der Wohnung meines Vaters mit einem tiefen Unbehagen verbunden. Über Jahrzehnte hatte er bei Coop gearbeitet, zuletzt als Abteilungsleiter; auch als Selbstständiger hatte er gut verdient. Er hätte sich etwas anderes leisten können. Warum versteckte er sich in einem anonymen Betonkoloss, von dessen Verwahrlosung schon der beängstigend große Sperrmüllhaufen am Straßenrand vor dem Eingang kündete? Die unzähligen Briefkästen im schmuddeligen Eingangsbereich, der charakteristische Geruch der engen Fahrstühle, das beklommene Schweigen, in dem man mit Wildfremden in die Höhe schoss. Verließ man die Kabine, empfing einen das Pfeifen des Windes. Jedes Mal überkam mich das Gefühl, der Turm würde schwanken, und obwohl seine Wohnung die größte auf der Etage war, lag sie versteckt am Ende eines Gangs, dessen Deckenbeleuchtung aus unerfindlichen Gründen immer kaputt zu sein schien. Mir grauste vor diesem Haus, weil es der sichtbare Ausdruck seiner *Einigelung* war, wie er die Tendenz zu Rückzug und Isolation selbst nannte, der raumgewordene Beweis seines Unwillens, zu sich selbst großzügig zu sein, die Stele seiner Einsamkeit. Seit Mitte der Siebzigerjahre lebte er in oder bei Frankfurt und hatte doch keine Freundschaften geschlossen, keine zumindest, von denen ich wusste. Selbst vor der eigenen Wohnung machte diese *Einigelung* nicht halt. Als sei ihm ihr Ausmaß nicht ganz geheuer, begann er schon nach wenigen Jahren, den vorderen Teil an Studenten oder Wochenendpendler unterzuvermieten – er arbeite ohnehin im Schlafzimmer, sagte er, zudem minimiere die Miete die Nebenkosten. Mir erschien die Maßnahme wie eine schmerzhafte Selbstbeschneidung – jetzt musste er sich selbst in den eigenen vier Wänden zurücknehmen und über die Vertrauenswürdigkeit undurchsichtiger Mieter grübeln. Seit einigen Jahren, fünf, sechs oder sieben, bewohnte ein Musiker das vordere Zimmer, ein Geiger, wie er mir zu Beginn des Mietverhältnisses beeindruckt am Telefon erzählt hatte, ein Geiger, Mitte vierzig etwa, der kurz davor stand, in einem großen Frankfurter Orchester angestellt zu werden. Die Anstellung stehe *unmittelbar* bevor, habe ihm der Geiger beim Vorstellungsgespräch gesagt. Was für ein Frankfurter Orchester?, fragte ich gespannt. Das Orchester der Oper Frankfurt oder das Sinfonieorchester des Hessischen Rundfunks? Nein, nicht das Opernorchester, ein anderes, hatte mein Vater gesagt, mit einem leicht drohenden Anstieg der Stimme, der mir zu verstehen gab, nicht weiter zu fragen. Vielleicht wollte er nicht so genau hinschauen, aus Erleichterung, diesen Mieter gefunden zu haben. Vielleicht wollte er nicht, dass der Geiger tatsächlich angestellt würde, bei welchem Orchester auch immer, denn dann hätte er sich aller Voraussicht nach eine eigene Wohnung gesucht und das Mietverhältnis beendet. Vielleicht entsprach das Provisorium des Geigers dem Provisorium meines Vaters, und die beiden ergänzten sich auf eine geheimnisvolle, mir undurchsichtige Weise. Eines stand fest: Der Geiger *war* ein Geiger, er übte, wie mein Vater durch die Wand hören konnte, und das klang beeindruckend virtuos. Ich fragte nicht weiter nach dem Geiger. Ich wollte mich nicht dem Vorwurf unberechtigter Einmischung aussetzen und womöglich einen seiner Zornesausbrüche provozieren oder ihn ungewollt durch Bemerkungen kränken, auf die er nicht gleich reagierte, die ihn aber quälten und in ihm rumorten, bis er sie mir Monate später wutentbrannt vorhielt.

Nach ein oder zwei Jahren erlitt der Geiger einen Schlaganfall, womit die gesicherte Arbeitnehmerexistenz in noch weitere Ferne rückte. Mühsam brachte er sich wieder Sprechen und Gehen bei, und das, was mein Vater nun durch die Wohnzimmerwand hörte, glich dem traurigen Gekratze eines Anfängers. Mein Vater erwähnte ihn nicht häufig, dennoch kam mir, sobald ich an die Hochhauswohnung dachte, der Geiger in den Sinn und trat in meiner Fantasie wie seine dämonische Schatten- oder Zwillingsgestalt, ein traurig-hämisches Lächeln auf den Lippen, aus dem Dunkeln hervor.

Wir fanden eine Parkbucht in der Nähe des Hauses und kamen auf dem Weg zum Eingang am VW meines Vaters vorbei. Der Wagen stand unter einem Baum, Motorhaube und Windschutzscheibe nahezu vollständig mit Vogelkot bedeckt. Mir kam seine Nachricht auf der Mailbox in den Sinn, vor etwa drei Wochen hatte er mir mit versagender Stimme mitgeteilt, dass ihm die Ärzte das Autofahren verboten hätten und er »wohl zum letzten Mal am Steuer gesessen« hatte.

Ich hielt nach dem Sperrmüllhaufen am Straßenrand Ausschau, stattdessen entdeckte ich eine Bücherbox, in die man gelesene Romane hineinstellen und aus deren Fundus man sich bedienen konnte. Auch das Entreé des Hauses wirkte weniger abschreckend, als ich es in Erinnerung gehabt hatte, die Wände waren erst kürzlich in einem warmen Cremeton gestrichen worden. Als die Fahrstuhltür aufging, grüßte uns eine junge Frau freundlich, mit einem Korb kam sie aus der Waschküche im Untergeschoss. Niemand sprach, ich blickte auf den Boden. Als mir der Geruch frisch gewaschener Sweatshirts in die Nase stieg, musste ich lächeln. Kannte sie meinen Vater, waren sie – wie wir jetzt – öfter zusammen Fahrstuhl gefahren? Noch bevor der Aufzug hielt, klapperte der Schlüsselbund in ihrer Hand.

»Auf Wiedersehen«, sagte sie.

»Auf Wiedersehen«, antworteten meine Mutter und ich wie aus einem Mund.

Bis die Tür erneut aufglitt, schwiegen wir. Hier oben toste der Wind. Wir gingen den dunklen Gang entlang. Während ich die Wohnungstür aufschloss, schlug im Luftzug das lockere Türblatt gegen den Rahmen. Im Flur hing sein beiger Trenchcoat an einem von zwei Garderobenhaken, auf den weißen Bodenkacheln stand ein Paar seiner Schuhe, daneben ein alter Staubsauger. Die Tür rechts zum Zimmer des Geigers war ebenso verschlossen wie die zum Bereich meines Vaters. Ich wollte sie gerade aufschließen, als ein Rumoren zu vernehmen war, dann sprang die Tür des Mieters auf, ein Mann Anfang fünfzig sah uns erschrocken an und fragte, wer wir seien. Kurzes weißes Haar, rosige Wangen, der rechte Arm auf einen Stock gestützt.

»Guten Tag. Wir wollten Sie nicht beunruhigen«, sagte ich. »Ich bin der Sohn von Herrn Schäfer. Das ist meine Mutter.«

»Ah ja. Ich dachte, jetzt kommen die Einbrecher.« Er klang noch immer distanziert.

»Ich weiß nicht, ob Sie darüber informiert sind, dass mein Vater sich einer Untersuchung am Kopf unterziehen musste ...«

»Er ist in der Uniklinik. Natürlich. Das weiß ich«, antwortete er patzig. »Ist etwas passiert?«

Ich erklärte ihm die Situation.

»Das tut mir leid«, sagte er, ohne eine Form von Betroffenheit zu zeigen.

»Danke«, sagte ich, während ich schon dabei war, die Tür zu den Zimmern meines Vaters zu entriegeln.

»Die Ärzte behaupten, es gibt keine Hoffnung«, sagte meine Mutter plötzlich. »Aber ich glaube, dass mein Mann sich gerade erholt. Vielleicht wacht er in drei oder vier Tagen wieder auf?«

»Ach, die Ärzte«, sagte der Mieter jovial, »hören Sie nicht auf die. Ihr Mann ist stark, bestimmt geht es ihm in einigen Tagen wieder gut. Man darf die Hoffnung nicht verlieren.«

»Ja? Finden Sie?«

»Natürlich. Herr Schäfer ist stark!« Er hob die Linke und schloss sie zur kämpferischen Faust.

»Das beruhigt mich«, sagte sie. »Das beruhigt mich sehr.«

»Alles Gute. Wenn ich Ihnen helfen kann – warten Sie ...« Auf den Stock gestützt, ging er barfuß in sein Zimmer. Ich erhaschte einen Ausschnitt des Kleiderschranks im Flur, der vor Jahrzehnten im Kinderzimmer meines Bruders gestanden hatte, sah den geschlossenen Vorhang vor dem großen Fenster im Zimmer. Er gab uns einen Zettel mit seiner Telefonnummer, die Ziffern ungelenk geschrieben mit der noch nicht ganz seinem Willen gehorchenden Hand. Als wir im Wohnzimmer meines Vaters die Tür hinter uns geschlossen hatten, flüsterte meine Mutter: »Siehst du. Er denkt auch, dass Robert noch aufwacht.«

»Du hast ihm die Worte doch in den Mund gelegt«, sagte ich.

»Ach was!«

»Wieso traust du diesem Mann mehr als den Ärzten?«

»Jetzt regst du dich auf, wie dein Vater.« Sie sah mich ruhig an, bevor sie hinzufügte: »Aber Robert war wenigstens nicht arrogant.«

Sie ging durch die offene Küche ins hintere Zimmer, während ich auf das grüne Sofa sank, auf die Sitzgarnitur, die ich noch aus dem Reihenhauswohnzimmer meiner Kindheit kannte – und als hätte unsere Auseinandersetzung mich vor der Umgebung geschützt (hatte ich sie deshalb heraufbeschworen?), nahm ich nun erst den Zustand der Wohnung wahr: den mit Papieren, Brillenetuis, Stiften und Broschüren bedeckten Tisch, an dem mein Vater auch die Mahlzeiten eingenommen hatte, die Pultordner und Papierstapel auf Sesseln und auf dem Boden; Reiseprospekte, Zeitungsausschnitte, Notizblätter und eine Armada von Plastikheftern und Leitz-Ordnern, mit denen er seine *Zettelwirtschaft* hatte bändigen wollen und ihrer doch nicht Herr geworden war. Zu meiner Überraschung hatte die Unordnung nichts Beklemmendes. Das Chaos, an dem er litt, das er überwinden und hinter sich lassen wollte und das er doch immer wieder um sich breitete, *sein Chaos*, in dem ich immer etwas anderes hatte sehen und entdecken wollen – eine Art Lebensdiffusität und tragische Unerlöstheit –, erschien nun ganz und gar harmlos. Wie eine Schutzschicht hatte er es über Möbel und Ablageflächen gebreitet, so wie er manchmal im Selbstgespräch vor sich hingemurmelt hatte. Es war nicht mehr als ein simples und probates Mittel, um den Schrecken des leeren Raumes und das Gewicht des Alleinseins ein wenig abzumildern. Mir fiel der in der Luft liegende Geruch auf, eine zarte, nur mit ihm verbundene Süße, mir seit jeher vertraut. Ich lauschte. Aus dem Zimmer des Geigers war nichts zu hören. Hinter der breiten Fensterfront schwebte ein Flugzeug über dem im Sonnenlicht funkelnden Häusermeer.

Meine Mutter kam zurück und hatte unsere Auseinandersetzung schon wieder vergessen. Seufzend nahm sie neben mir Platz, blickte sich um, bevor sie davon zu erzählen begann, dass sie damals den Einzug organisiert und die Einrichtung besorgt hatte, als mein Vater wegen seiner Krebserkrankung noch in der Reha war. Sie hatte alles vorbereitet, und zu seiner Entlassung aus der Klinik war die Wohnung *piccobello* gewesen. Zehn Jahre waren sie damals schon getrennt, rechnete ich nach – und dennoch hatte sie Möbelträger beaufsichtigt, Bilder aufgehängt, Vorhänge ausgesucht und angebracht und die Küchenschubladen mit praktischen Utensilien aufgefüllt. Ein ganzes Jahrzehnt, nachdem sie nicht mehr zusammen waren, hatte sie sich bemüßigt gefühlt, sein Leben einzurichten, und er hatte ihre Bemühungen zugelassen oder sogar dankbar, wie sie sagte, angenommen. Sie hatten sich nie *wirklich* getrennt, dachte ich, das Band zwischen ihnen war selbst über die zweitausend Kilometer zwischen Frankfurt und Athen nie gerissen.

Mir kam eine Szene in den Sinn, von der sie mir vor Jahren erzählt hatte – wie sie im Winter 1967 mit meinem Vater durch das kalte Thessaloníki spaziert war, um Eheringe zu kaufen. Es war ungewöhnlich kalt an diesem Tag, so kalt, dass Eiszapfen von den Dächern hingen. Meine Mutter war im Sommer nach dem Abschluss ihres Studiums von Hamburg nach Griechenland zurückgekehrt und in das elterliche Haus in Giannitsá zurückgezogen, das in ihrer Abwesenheit um ein Zimmer – ein Zimmer extra für sie – erweitert worden war. Doch mein Vater konnte die junge Frau, die er in der Bauabteilung seiner Firma kennengelernt hatte, nicht vergessen. Er schrieb ihr Briefe, über Monate hinweg schrieben sie einander, und zu Beginn des Winters flog er nach Thessaloníki und machte ihr am Flughafen einen Antrag. Daraufhin fuhren sie in die Innenstadt und kauften Ringe. Ich sah sie in klirrender Kälte in der vornehmen Tsimiskí an Schaufenstern entlangflanieren und in Juwelierläden verschwinden. Ich sah sie auf der breiten Promenade, von der die Sicht bei klarer Luft über den Thermaischen Golf bis zum schneebedeckten Gipfel des Olymps reicht. Sicher hatte sie ihm auch den Weißen Turm, das Wahrzeichen der Stadt, gezeigt. Sicher hatten sie auch eines der Kaffeehäuser mit den majestätisch hohen Decken am Aristoteles-Platz besucht. Ich sah die beiden vor malerischem Hintergrund – das schiefergraue Meer, der Winterhimmel und die breiten, kaum befahrenen Avenuen der Sechzigerjahre – als märchenfernes, aber glückliches junges Paar.

»Was machen wir jetzt?«, fragte sie. Wir saßen noch immer auf der Couch. Ich glaubte, sie sprach über die Wohnung, denn sie ließ den Blick über die Papiere, Ordner und Plastiktüten gleiten, über den Fernsehschrank und die Porträts der gemeinsamen Söhne und das Bücherregal mit den Biografien von Henry Kissinger, Richard von Weizsäcker und Helmut Schmidt und den Ausstellungskatalogen von Paul Klee, Lyonel Feininger und Franz Marc. »Wir können ihm doch nicht das Leben nehmen. Die Verantwortung ist zu groß.«

»Du hast recht«, sagte ich.

Sie begann zu weinen, und ich nahm sie in den Arm. Sie konnte nicht aufhören zu weinen, und als ihr Schluchzen endlich verebbte, stand ich auf und brachte ihr ein Glas Leitungswasser – so wie sie mir als Kind gegen den Schrecken immer ein Glas *Heiligen Wassers* aus einer im Badezimmer deponierten Flasche gegeben hatte, einer profanen, mit Leitungswasser gefüllten Mineralwasserflasche, die zur Weihung ihres Inhalts eine Nacht in einer orthodoxen Kirche verbracht hatte. Wir saßen eine Weile schweigend nebeneinander, jeder in seine Gedanken vertieft, bis ich aufstand und ins Schlafzimmer ging. Ich vermied den Blick auf das ungemachte Bett, auf herumliegende Kleider und Papiere, setzte mich an den kleineren der beiden Schreibtische und suchte in den Schubladen nach dem

Autoschlüssel. Ich fand auch das Familienstammbuch mit Heiratsurkunden und Geburts- und Taufscheinen, auf denen einige Stempel bis ins Berlin der Neunzehnhundertdreißigerjahre zurückreichten. Schließlich stieß ich auf die weinrote Pappklade. *fdFdF* hatte mein Vater darauf geschrieben. *Für den Fall der Fälle.* Sie enthielt eine handschriftliche Liste mit Personen, die *bei meinem Tod zu benachrichtigen* seien, ein ebenfalls handschriftlich verfasstes *Berliner Testament* aus dem Jahr 1986 und eine Liste mit Telefonnummern von Nachbarn und dem Hausmeister, der für Angelegenheiten in der Wohnung *hilfreich sein könnte.* Ich wollte das Zimmer wieder verlassen, als ich das Regal neben seinem Bett bemerkte, ein halbhohes Regal aus Kunststofffurnier. Zahllose Broschüren und Landkarten türmten sich darauf, Mappen mit ausgedruckten Seiten und Ordner mit Jahreszahlen zwischen 2005 und 2015. Das musste – mir stach das Foto einer Kykladeninsel ins Auge – seine *griechische Ecke* sein. Vermutlich sammelte er dort alles, was im Zusammenhang mit seinen Reisen auf die Inseln stand, seinem letzten großen Ziel: einmal den Fuß auf alle bewohnten griechischen Inseln setzen. Jedes Frühjahr und ein zweites Mal im Herbst brach er auf, um eine weitere Handvoll Eilande zu entdecken, mitunter so spärlich besiedelte Inseln, dass die Fährgesellschaften sie nur wöchentlich oder überhaupt nicht anliefen. Auch die Reise für diesen September hatte er schon geplant, doch mehr als die Tatsache, dass er sie nicht würde antreten können, berührte mich der Ort, an dem er seine Griechenland-Erinnerungen aufbewahrte: an seinem Bett, direkt am Kopfende, als wollte er, wenn er sich hinlegte, seine Träume einladen, auch in dieser Nacht mit ihm an Bord der Skopelítis in See zu stechen, die karge Macchia eines Berges zu durchstreifen oder im Gassengewirr einer Chóra auf die einzige noch geöffnete Taverne zu stoßen. Ich streckte die Hand nach einer Broschüre aus, war nicht in der Lage, sie zu berühren, geschweige denn sie mitzunehmen.

Das Krankenzimmer in ein Zuhause verwandeln, in einen Ort, der uns gehört. Beim ersten Mal fürchtet man das Schlimmste; beim Wiederkommen war es, als sei ich schon unzählige Male die schmale Wohnstraße an den Einfamilienhäusern entlanggefahren und dann rechts auf das Klinikgelände eingebogen. Das friedvolle Grün, der lange Erdgeschossgang, die Klingel. Ich hatte mir etwas vorgenommen, ich hatte den abstrakten Wunsch, etwas zu gestalten, auch wenn dieses Gestalten nur darin bestand, der eigenen Hilflosigkeit eine Form zu geben, dem Piepsen und Blinken der Maschinen den Schlag unseres Familienherzens entgegenzustellen. Die Trommeln schlagen, die Gesänge anstimmen, wir ziehen einen Kreis. Wir würden dort sitzen, am Bett des Vaters, zum ersten Mal seit langer Zeit versammelt, selbst mein Bruder wäre anwesend, obwohl er vielleicht gerade in Athen durch die Gassen der Pláka streunte, von den Kellnern der Lokale begrüßt: Έλα φίλε, είσαι καλά. Komm Freund, geht es dir gut? Selbst mein Bruder wäre bei uns, das stellt kein Problem für ihn dar, er geht durch Wände und wechselt die Welten, wie es ihm beliebt. Und ich würde unserem Vater berichten. Ich würde von der schönen Bücherbox vor dem Haus erzählen und von dem angenehmen Geruch frisch getrockneter Wäsche im Fahrstuhl, von unserer Begegnung mit dem Geiger und dass wir einige Unterlagen hatten an uns nehmen müssen.

»Erinnerst du dich, Vater«, würde ich sagen, »als wir zum letzten Mal zu viert etwas unternommen haben? Ihr wart schon lange getrennt, zwanzig Jahre fast, als wir eines Frühlingstages gemeinsam auf die Peloponnes gefahren sind. Wir, die Söhne, saßen vorn und ihr, die Eltern, wie Kinder auf der Rückbank des nachtblauen Mercedes, den ich von Athen auf der alten Landstraße am Saronischen Golf entlang nach Korinth gesteuert habe. An der Brücke über den Isthmus haben wir einen Halt eingelegt und Fotos gemacht und über das Geländer hinunter in die Tiefe zum eisgrauen Wasser geblickt. Später sind wir durch das Löwentor von Mykene geschritten, an der breiten Promenade von Náfplion aßen wir unter einer im Wind schlagenden Markise Pastízio und Stifádo, und am späten Nachmittag haben wir auf Steinbänken der obersten Reihe im sonst menschenleeren Theaterrund von Epidauros gesessen: das Orchester, dahinter ein Wald von Pinien und mondkarge Hügel in der Ferne. ›Unglaublich‹, hast du gesagt. ›Einfach unglaublich.‹ Ein schöner Tag. Wir hielten, wo und wann immer es uns beliebte, und wenn ihr euch auf der Rückbank wie zwei Unverbesserliche über den richtigen Abzweig in die Haare bekamt, fuhr ich rechts ran und wartete, bis es wieder still im Auto wurde. Ein schöner Tag, unser letzter gemeinsamer Ausflug«, würde ich am Bett des Vaters sagen, und in der folgenden Stille wäre nur noch das quälende Pumpen und Saugen der Beatmungsmaschine zu hören. Ich würde schweigen, bis es nicht mehr auszuhalten wäre.

»Die Sache ist die, Papa. Du liegst hier auf der Intensivstation der Neurochirurgie, und die Lage ist ernst. Die Lage ist hoffnungslos. Und wir, also deine nie geschiedene Ex-Frau und deine beiden Söhne wollen, nein, müssen dich um einen letzten Gefallen bitten: Bitte gib uns deinen Segen, die künstliche Beatmung zu beenden.«

Draußen, hinter der geschlossenen Tür des Patientenzimmers würden Ärzte und Pfleger ihrer Arbeit nachgehen, doch innerhalb des Kreises, den wir gezogen hätten, würde mein Vater verwundert die blauen Augen aufreißen und fragen: »Ich will es nur verstehen. Du willst meinen Segen dafür, mein Leben zu beenden?«

»So könnte man es formulieren.«

»Gut, ich überlege es mir«, würde er nach einer Weile antworten.

Es wäre das Letzte, was er sagen würde, aber wir würden wissen, was zu tun wäre, nicht sofort, nicht unmittelbar nach unserem Familienrat, doch später würden wir es wissen.

Stattdessen kamen wir ins Krankenzimmer, und mein Vater war verschwunden. Er lag dort wie gestern, am Fenster des ersten Zimmers rechts, aber ich war nicht in der Lage, ihn zu sehen. Ich sah Schläuche und Maschinen und grün blinkende Anzeigen, die Sonnenreflexe auf dem Bettgestell brannten in meinen Augen. Ich starrte auf das winzige Kugelschreiberkreuz unter seinem Ohr, konzentrierte mich auf dieses Überbleibsel eines misslungenen Eingriffs und versuchte zu sprechen. Meine Worte hallten wie im Inneren einer schallschluckenden Kammer dumpf zurück. Sein Gesicht schien vor meinen Augen zu zerfließen.

Ruckartig stand ich auf und verließ das Zimmer. Auf dem Gang schüttelte ich meine Hände, schüttelte sie, als ließe sich die Panik auf diese Weise aus mir hinausschleudern. Im Besucherkabuff saßen eine Frau und ein Mann, schweigend, Angst im Blick. Ich suchte nach der Toilette, wusch mir Gesicht und Hände, schlich danach wie ein Verbrecher durch die Gänge, bis die Pfleger sich zu ärgern begannen und mich zurückschickten.

Als ich ins Zimmer kam, stand meine Mutter am Fußende des Bettes und sprach leise zu meinem Vater. Sie gab mir ein Zeichen einzutreten, doch kaum war ich näher gekommen, verabschiedete sie sich und verließ den Raum, ein geheimnisvolles Lächeln auf den Lippen. Ich setzte mich. Die Tür war geschlossen. Kein Arzt, der uns störte, niemand, der sagte, wir sollten gehen, oder fragte, wie weit unsere Entscheidungsfindung gediehen sei. Nur er und ich. Warum fühlte ich nichts? Die zurechtgelegten Monologe, die Bitte um seinen Segen, meine schön ausgepinselte Fantasie – alles weg. Ein metallischer Geschmack lag auf meiner Zunge, als steckte eine Luftröhre aus Eisen in meiner Brust. Es würde keine Handreichung geben, begriff ich. Niemand würde uns, würde mir die Entscheidung abnehmen oder den richtigen Zeitpunkt bestimmen; niemand würde der brutalsten aller Tatsachen ihre Brutalität nehmen. Und deshalb war jetzt der Moment, das Unausweichliche in die Wege zu leiten. Hatte meine Mutter nicht aus diesem Grund das Krankenzimmer verlassen, damit ich *die Entscheidung* treffen konnte? Ich sollte den diensthabenden Oberarzt aufsuchen, dachte ich. Ich sollte ihm mitteilen, dass wir nun so weit seien und er die künstliche Beatmung beenden könne, nein, müsse! Jetzt. Sofort. Doch ich konnte mich nicht rühren. Ich schrumpfte zum fünfjährigen verlassenen Kind, das verlernt hat, um Hilfe zu rufen. Bevor ich anfing, mit dem Oberkörper zu schaukeln, gelang es mir, den Stuhl ans Fenster zu rücken und den Blick auf den gemähten Rasen und die Zufahrtsstraße zu heften. Da war ein Wendehammer mit einer Bushaltestelle, auf der Rückwand des Wartestands prangte Werbung für eine teure Uhrenmanufaktur. Ich zog mein Notebook aus der Tasche und verband es mit dem Internet. Ich las Nachrichten und Vorberichte zur beginnenden Fußballweltmeisterschaft, beantwortete als Elternsprecher die Mail einer über das Unterrichtsniveau an der Schule unserer Tochter verärgerten Mutter. Ich hörte kaum das Pumpen und Saugen der Beatmungsmaschine, wusste ihn wieder an meiner Seite, auch wenn ich ihn nicht sah. Langsam kam das Leben zurück.

Mit einer Höhe von achthundertachtzig Metern bildet der Große Feldberg den höchsten Gipfel des Hochtaunus; der Routenplaner von Google beziffert die Entfernung zwischen »Frankfurt Sachsenhausen« und »Großer Feldberg, Taunus« mit 38,6 Kilometern. Bei gutem Wetter ist der Feldberg mit dem Fernmeldeturm auf seinem Gipfel vom Balkon meines Vaters zu sehen, und der Feldberg bildete auch das erste Ziel, wenn mein Vater, der kaum etwas mehr liebte als das Wandern, für einige Stunden *auf den Berg* wollte. Konnte ich ihn sonntags telefonisch nicht erreichen, rief er abends zurück und sagte, er sei unterwegs gewesen, und das hieß eigentlich immer, dass er am Großen Feldberg wandern gewesen war. Er nahm dafür den Bus vom Südfriedhof die Darmstädter Landstraße hinunter zum Südbahnhof; dort bestieg er einen Zug der Linie U3 und fuhr mit ihm bis zur Endhaltestelle Oberursel. Von dort ergaben sich zwei Möglichkeiten: Entweder er nahm einen Bus der Linie 57 die acht Stationen über Oberreifenberg bis zum weitläufigen

Gipfelplateau – oder er begann seine Tour gleich dort an der U-Bahnstation und ging die sieben Kilometer zu Fuß.

Nachdem wir das Krankenhaus verlassen hatten, musste ich mir eingestehen, dass sich das, was ich mir *die Entscheidung* zu nennen angewöhnt hatte, weder durch Beschwörungen noch durch rationale Erwägungen herbeiführen ließ. Ich wusste, was mein Vater gesagt hätte: *Bloß keine Maschinen! Abkratzen und Schluss!* Dennoch konnte ich der Aufforderung nicht Folge leisten.

Ich brachte meine Mutter zu ihren Freunden, bevor ich den Wagen meiner Gastgeberin vor ihrem Haus parkte. Danach ging ich über den verwunschenen Südfriedhof. Unter diesen Bäumen würde er seine letzte Ruhe finden. Ich überquerte die Darmstädter Landstraße und näherte mich den Parkbuchten vor den mächtigen Hochhäusern, entriegelte den silbernen VW Bora meines Vaters und setzte mich hinters Steuer. Weder auf den Sitzen noch im Fußraum lagen Sachen herum, selbst im Handschuhfach befand sich nichts als die zerfledderte Gebrauchsanweisung in einer speckig gewordenen Plastikmappe. Er hatte das Auto leer geräumt, als er wusste, dass er nicht mehr fahren würde, er hatte mit dem Fahren abgeschlossen und alle persönlichen Spuren beseitigt. Die Entschiedenheit seines Handelns und die Abwesenheit seiner Dinge bestürzten mich stärker als die Unordnung in seiner Wohnung. Nicht einmal sein Geruch hing noch in der Luft. Eine Weile saß ich unbewegt, dann betätigte ich den Scheibenwischer und ließ das Wasser sprudeln, bis ich durch die vogelkotverschmierte Scheibe so viel sah, dass ich den Wagen zur Waschstraße an der nächsten Tankstelle steuern konnte.

Ein sonniger Tag. Mit heruntergelassenem Fenster fuhr ich über die Babenhäuser Landstraße aus der Stadt hinaus und über die A661 in einem Bogen östlich um Frankfurt herum, bis die Autobahn in eine Bundesstraße überging und in den Naturpark Taunus führte.

Wie lässt sich von der Scham erzählen? Die Scham war es, die zwischen mir und *der Entscheidung* lag. Ich habe meinen Vater versteckt, aus Angst vor dem, was andere über ihn (und mich?) denken könnten, nicht nur in den Jahren des Heranwachsens und frühen Erwachsenseins, sondern bis in meine mittleren Jahre hinein und, indem ich bestimmte Situationen und Begegnungen bewusst vermied, wohl bis zuletzt. Ein Teil von mir hat nie aufgehört, sich seiner zu schämen. Je weiter ich mich von Frankfurt entfernte und in weitläufigen Serpentinen durch strichgerade Fichten das Taunus-Massiv erklomm, desto überzeugter wurde ich: Es ist die Vaterscham, die mich bis heute verfolgt.

Was ist Scham? Sie blüht in zahllosen Farben und Formen. Jemand fällt aus der Sicherheit heraus und findet nur unvollständig wieder in sie zurück.

Dem Wissen, dass der Vater leicht zu kränken ist, gesellte sich bald die Erfahrung hinzu, dass Situationen in Anwesenheit des Vaters von einem auf den anderen Moment kippen konnten. Der Vater korrigierte andere, wenn sie grammatikalisch nicht korrektes Deutsch sprachen, und begleitete seine Verbesserungen mit einem süffisanten Lächeln, das sagte: Was kann ich dafür, wenn Sie nicht richtig sprechen? Der Vater korrigierte in Anwesenheit anderer auch die Mutter oder fiel ihr widersprechend ins Wort. Oder er wurde gefährlich still, während sie sprach und die Wut langsam in ihm anwuchs, weil sie etwas aus seiner Sicht Falsches und durch und durch Provozierendes geäußert hatte, bis er nicht mehr an sich halten konnte und mit notdürftig kaschiertem Hass und begleitet von seltsamen Schnarrlauten aus seiner Kehle »Geht das schon wieder los!« hervorpresste, sein immer wiederkehrender Ausdruck abgrundtiefer Empörung. Er begann, sie mit Anschuldigungen zu überziehen, sah sich aus Gründen, die nur er kannte, von ihr ins Unrecht gesetzt und beruhigte sich erst, nachdem er – was auch immer – richtig- und klargestellt hatte. Ein Überdruck musste abgelassen werden. Danach lächelte er, zufrieden. Die anderen lächelten auch, doch der Vater schien die Gezwungenheit ihres Lächelns nicht zu bemerken: wie sie innerlich zurückgewichen, ja, entsetzt zurückgesprungen waren. Er schien die Betretenheit nicht wahrzunehmen, den Umschlag der Atmosphäre ins Vergiftete, als sei er noch ganz erfüllt vom Abklingen seines Ärgers und dem Genuss der sich daran anschließenden Erleichterung.

Der Sohn erlebte das Auseinanderbrechen der Welt. Er sah die gläserne Blase, in der der geliebte Vater gefangen blieb, und empfand die Kälte der Verurteilung, die sich um den Nichtsahnenden schloss, am eigenen Leib. Ein Riss durchfuhr auch ihn. Er wollte fliehen, um dem Peinlichkeitswinden zu entkommen, und sich im gleichen Moment vor den Vater werfen, um ihn zum Schweigen zu bringen oder wenigstens vor der Verachtung der anderen abzuschirmen.

Auch nach der Trennung neigte der Vater zu Wutausbrüchen, seine langatmigen Ausführungen wurden weiterhin oft von einem empörten, seltsam aggressiven Untergrollen begleitet. Und obwohl der Sohn im Umgang mit dem Vater später Milde und die Abgeklärtheit des erwachsenen Mannes von sich selbst erwartete, hatte etwas von der alten Kinderangst in versteckten Winkeln seiner Gefühlslandschaft überdauert und spülte selbst Jahrzehnte später noch immer dann an die Oberfläche, wenn er in Anwesenheit des Vaters auf nähere oder entferntere Bekannte traf. Selbst im Alter von vierzig, als er beruflich regelmäßig das Theater besuchte, fürchtete er diese Begegnungen im Beisein des Vaters, besonders in den Aufführungspausen. Begann der Vater dann mit einem Monolog über seine Vorlieben oder Aversionen, fahndete der Sohn mit Argusaugen in den Zügen der anderen nach Erstaunen, ermaß den Grad ihrer Verwunderung, das Ausmaß ihres Entsetzens, lauschte auf ihr inneres Hüsteln oder betretenes Mit-den-Füßen-Scharren, zerrissen zwischen einem geradezu hündischen Zugehörigkeitsbedürfnis zu ihnen und einer vorsorglich in Stellung gebrachten Wut auf die ihnen unterstellte Verachtung, also mithin dem Wunsch, den Vater – komme, was wolle – zu beschützen. Hatte der Sohn den Vater endlich aus dem Grüppchen losgeeist, schlug die zweite Welle über ihm zusammen, die Scham, den Vater vor unwichtigen Bekannten oder Kollegen verraten und verleugnet zu haben. »Komm«, sagte er und berührte mit wieder-gut-machen-wollender Zärtlichkeit den karierten Ärmel des Vaterjacketts. »Bier, Sekt, Wein, Wasser? Willst du auch eine Brezel?« Kam es danach zu einer weiteren Begegnung, war dem Sohn schon alles gleichgültig. Ohne innere Beteiligung verfolgte er das Gespräch, erschöpft und enttäuscht, dass er die Implosion mal wieder nicht hatte vorhersehen und abwenden können.

Ich ließ den Wagen auf dem Parkplatz unterhalb des Fernmeldeturms und lief über das weitläufige, nahezu menschenleere Gelände. Es war gut, an der frischen Luft zu sein, es war gut, nicht zu wissen, was als Nächstes kam. Ich setzte mich auf eine Bank, blickte nach Norden über die Landschaft – bis nach Usingen –, bevor ich aufstand und weiter herumging. Es gab einen Spielplatz mit Schaukel und Klettergerüsten aus knorrig verwachsenen Baumstämmen, daneben bot eine nach ranzigem Fett stinkende Bude Pommes, Würstchen und Kaffee an. Ich wandte mich zur Falknerei weiter hinten, eine Falknerei mit echten Falken, Bussarden, Eulen und Adlern, wie das Schild am Zaun erklärte. Es war niemand zu sehen, weder Mensch noch Tier. Sommerpause? Die in alle Himmelsrichtungen weisenden Wanderschilder; die ausgetretenen, wie Rinnsale die Wiese durchziehenden Trampelpfade. Und wo konnte man früher Skifahren? In den fernen Achtzigerjahren konnte man doch auf dem Feldberg Skifahren! Das gibt's doch nicht, dort ragt ein alter Liftmast aus der Wiese. Ich erkenne und feiere dich, Liftmast, du Relikt aus einer vergangenen Zeit. Und hier ist auch die Schneise, in der wir früher – kalter Wind an den Ohren – auf ellenlangen schmalen Brettern der Marke Blizzard hinuntergesaust sind. Und noch eine schöne Erinnerung: wie ich als Kind mit dem Vater zusammen Lift gefahren bin und er mir erklärte, warum das Wasserloch, an dem uns der hölzerne Bügel vorüberzog, nicht zugefroren war, obwohl die Landschaft unter einer Schneedecke lag. Die nehme ich mit. Diese Erinnerung stecke ich ein und behalte sie warm in der Hand.

Und jetzt nähern wir uns dem Restaurant Der Feldberghof. Das ist keine schäbige Imbissbude, nein, ein richtiges Ausflugslokal und ein guter Ort, um dem Vater *in der Höhe* mitzuteilen, dass er Großvater wird, und ihm bei dieser Gelegenheit meine Freundin vorzustellen. Hier hoch auf den Feldberg sind wir direkt vom Hauptbahnhof gekommen, als er meine jetzige Frau und mich vom Zug abholte, im Sommer 2006.

»Wie wäre es denn, wenn wir gleich vom Bahnhof auf den Feldberg fahren«, hatte ich am Telefon vorgeschlagen.

Tatsächlich stellte der Feldberg für mich einen Fluchtort dar. Die Vorstellung, zu dritt in ein Frankfurter Restaurant zu gehen, verursachte mir Übelkeit. Wir müssten im Auto durch die Innenstadt kurven, gerieten auf der kurzen Strecke vom Bahnhof zur Hauptwache oder zum Rossmarkt vielleicht in einen Stau, und mein Vater würde beginnen, verärgert vor sich hin zu murmeln. Wir müssten einen Parkplatz finden oder in eines der Frankfurter Parkhäuser fahren und durch niedrige, schlecht beleuchtete Parkebenen und immer kalte Treppenhäuser eilen; unzählige Dinge wären zu beachten, Klippen zu umschiffen, wer weiß, was für Dramen sich ereigneten, bevor wir überhaupt im Restaurant am Tisch säßen. Zu kompliziert, zu kleinteilig, viel zu komplikationsanfällig. Tatsächlich stellte ich ihm überhaupt erst zum zweiten Mal eine Freundin oder Partnerin vor; das erste Mal – ich war Anfang zwanzig – hatten wir zu dritt ein Restaurant in der Frankfurter Innenstadt besucht – und der Abend war katastrophal verlaufen. Gleich zu Beginn, kaum hatten wir Platz genommen, war mir ein folgenschwerer Fehler passiert. Als er meine damalige Freundin bei der Begrüßung förmlich siezte, sagte ich, möglicherweise sogar belustigt, er könne sie ruhig duzen. Ich bereute meine Flapsigkeit sofort. Mein Vater erstarrte, nur sein Adamsapfel sprang kurz auf und ab. Mit zerquetschter Stimme presste er sein »Geht das schon wieder los?« hervor. Eine tödliche Stille trat ein, dann tat sich die Erde auf und gewährte einen beängstigenden Einblick in das Brodeln einer gelb strahlenden Feuermasse – noch ein falsches Wort meinerseits, wusste ich, und Lava würde hervorschießen und uns alle drei zischend unter sich begraben. Blind für alles um mich herum starrte ich in dieses Hitzenest, versuchte die Umrisse von Figuren auszumachen. Welche alten Gestalten trugen dort in der Tiefe einen urzeitlichen Kampf miteinander aus? Sah er in mir wieder den Sohnes-Dämon, der ihn schon als Fünfjähriger hatte aus dem Gleichgewicht bringen können? Und welche Rolle kam mir dabei zu? War mir wirklich nur ein Missgeschick unterlaufen, oder hatte ich nicht, von seiner Empfindlichkeit wissend, aus einem aufgestauten Vergeltungsdrang und vielleicht sogar mit klammheimlicher Freude vorsätzlich das glühende Eisen ins bloße Fleisch gedrückt, indem ich durch meine vermeintlich harmlose Bemerkung klarstellte, wer hier die Weise des Sprechens bestimmte, nämlich ich?

Bevor Einzelheiten oder gar Zusammenhänge erkennbar wurden, schloss sich der Abgrund, und wir quälten uns durch den restlichen Abend. Wir taten, als wäre nichts geschehen, obwohl die Hitze am Tisch uns den Schweiß auf die Stirn trieb. Er stellte meiner Freundin Fragen, hörte zu, gab sich aufrichtig Mühe und begann dann doch, als zwänge ihn eine unheimliche Kraft, ausufernd über sich zu sprechen, sich zu erklären und ins rechte Licht zu setzen. Er nahm sie ins Visier, redete geradezu in sie hinein, vertraulich, niemals anzüglich, aber doch auf eine Zustimmung erzwingende Art, als würden sie einander lange kennen. Ununterbrochen schoben seine Hände Salz-

und Pfefferstreuer über die Tischdecke, berührten Besteck, das Glas, knautschten die Serviette. Ich sah die Mühe, die ihr das Zuhören abverlangte, ihr gequältes Lächeln. Ihre Augen verengten sich, sie beugte sich vor, Zeige- und Mittelfinger an der Schläfe, um konzentriert zu bleiben, um seinem Redefluss weiter zu folgen. Irgendwann kamen wir in offenes Gelände, oder nicht? Er erzählte, lachend, ich weiß nicht mehr, wovon, sie lachte auch, und bei der Verabschiedung half er ihr galant in den Mantel und verabschiedete sich herzlich, auch von mir.

Schweigend gingen meine Freundin und ich zum Auto. Sie schien zu taumeln, als hätte ihr der Kampf gegen die Elemente jegliche Energie geraubt. Ich nahm ihre Fassungslosigkeit wahr, ihre Wut darüber, von ihm derart in Beschlag genommen worden zu sein, eine Wut, die sich möglicherweise längst gegen mich richtete, weil ich sie einer solchen Situation ausgesetzt und nicht genügend beschützt hatte. »Oh Mann«, sagte sie endlich. »Es ist wirklich ein Wunder, was aus dir geworden ist – bei *so* einem Vater.«

Mir fiel ein Stein vom Herzen, dass sie mich nicht in Sippenhaft nahm und nun, da sie die Wahrheit kannte, nicht auch von mir abrückte; dass mein Vater nicht automatisch auch mich zum Verdächtigen machte. Die schmerzhafte Doppelbödigkeit ihres Urteils begriff ich erst später. Wie Gift sickerte die Konsequenz in mein Bewusstsein: Ich hatte mich also nicht geirrt. Er wurde als Zumutung empfunden, als peinigende Irritation, genau so, wie ich es seit früher Kindheit geahnt hatte. Sie hatte mich freigesprochen, indem sie meine schreckliche Befürchtung bestätigte: dass mein Vater eine Art Makel darstellte. Ich schämte mich meines Vaters, ich schämte mich meiner Erleich-

terung und – obwohl ich ihren Ärger verstand – ihrer Unbarmherzigkeit.

Natürlich, dieses Ereignis lag selbst damals, als ich ihm meine jetzige Frau vorstellen und die frohe Nachricht überbringen
wollte, zwölf lange Jahre zurück. Ich hatte inzwischen das Studium beendet, war bei einer Zeitung untergekommen, ein erster Roman war erschienen. Ich hatte ein eigenes Leben. Aber
was spielt das für eine Rolle? Tiefe Ängste kennen keine Zeit.

Während der Zug sich Frankfurt näherte, bewahrte mich nur
der Stolz davor, meine schwangere Freundin vorzuwarnen. Wir
stiegen aus; sofort entdeckte ich ihn am Ende des Bahnsteigs. Er
trug seinen hellen Trenchcoat – bei offiziellen Anlässen: Jackett
und Mantel. Sein Blick ernst, solange er nach uns Ausschau hielt,
dann ein helles Leuchten des Erkennens. Er hob grüßend den
Arm, kam mit schnellem Schritt auf uns zu, klein, wendig, streckte ihr die Hand entgegen: fester Druck, verbindlicher Blick: »Ich
freue mich, Sie kennenzulernen. Hallo, mein Junge. Wie war die
Fahrt?« Der Weg schräg durch die Halle des Hauptbahnhofs,
wie im Gegenstrom der Passanten. Die Schritte ein wenig schneller als nötig, er einen halben vorneweg. Blendende Sonne auf
dem Bahnhofsparkplatz. Ein erster Moment der Ruhe am Park-
scheinautomaten. Nur am nervösen Fingern im ausgeleierten
Münzfach des Portemonnaies glaubte ich den altbekannten, den
waidwunden und fauchbereiten Notwehrvater zu erkennen, während der andere, fast vergessene, vor Begeisterung jubelnde Vater mit meiner Freundin schon vom *Freiburger Feldberg* und dem
unglaublichen Bernauer Hochtal schwärmte, wohin wir nach der
Stippvisite in Frankfurt weiterfahren würden. Was war hier los?
Das lief ja wie von allein. Er redete – aber meine Freundin redete

auch. Selbst ich sprach mit, ohne Hab-acht-Lauern und misstrauischem Zögern. Nun nichts wie rein in den knallroten Mercedes, die Schranke ruckte hoch, links halten und dann über die Friedrich-Ebert-Anlage an der Festhalle vorbei zum Autobahnanschluss West – und ab in die Berge.

Vom Schwarzwald ist es in die Schweiz nicht weit. Zauberworte schwirrten durch die Luft: *Säntis im Alpstein. Chur, Graubünden. Val Lumnezia.*

»Sie kennen das Val Lumnezia?«, fragte er erstaunt.

Meine spätere Frau, den Kopf zwischen den Sitzen nach vorne gereckt, eine Hand auf seine Rückenlehne gelegt: »Seit meiner Kindheit. Ilanz, Vella, Vrin.«

»Sind Sie gewandert oder Ski gefahren?«

»Die anderen sind Ski gefahren. Ich hatte keine Lust. Ich habe im Zimmer auf das K-wumm der Skischuhe auf den Stufen gehört, und als die Hütte leer war, bin ich hinuntergegangen und habe in der Stube gemalt.«

»K-wumm«, wiederholte er lachend. »Ja, so klingen Skischuhe.«

Da hatten wir auch schon das Feldbergplateau erreicht, ließen uns an einem der Fenstertische im Feldberghof nieder, und irgendwann sagte ich ihm bei Käsespätzle, Bauernfrühstück oder Gerstensuppe, dass er in wenigen Monaten Großvater würde, worauf er überrascht schwieg und aus dem Fenster schaute, während seine Augen zu glänzen begannen. Er weinte, konnte die Tränen der Freude nicht zurückhalten, zog ein Stofftaschentuch hervor und schnäuzte sich. Das Leben ist schön, war nie etwas anderes. Jeder Atemzug, jeder Blick, jedes Wort ein Tanz, eine Gabe, eine Feier des Tages. Dennoch fürchtete ich, als wir

Stunden später im Zug gen Freiburg saßen, ihr vernichtendes Vaterurteil. Wir rasten an Niederrad, Sportfeld, am Zeppelinheimer Wald meiner Kindheit vorüber, und ich wartete auf ihre Einschätzung. Schamfühler ausgerichtet, Misstrauenszellen aktiviert, das Sensorium für falsche Töne geschärft, nahm ich das Sausen des Fallbeils schon vorweg. Doch die Enthauptung fiel aus. Irgendwann im Laufe der Fahrt sagte sie: »Dass er sich so freut, Großvater zu werden. Was für ein großes Herz er hat!«

»Ja.« Mehr brachte ich nicht heraus. Mir war, als legte sich eine heilende Hand auf eine seit Langem wunde Stelle.

Und jetzt betrat ich erneut den Feldberghof, allein das hatte etwas Tröstendes, obwohl ich auf den ersten Blick nichts wiedererkannte. Hatte der Gastraum mit den hellbraunen laminierten Tischen etwa auch damals so ungemütlich gewirkt? Wo hatten wir gesessen? Mein Vater hatte mir oft erzählt, dass er immer wieder hierhergekommen war und sich an den gleichen Tisch gesetzt hatte, an dem er von der Existenz seiner später über alles geliebten Enkelin erfahren hatte. Aber ich konnte mich nicht entsinnen, setzte mich an eines der Fenster und sah mich um. Zwei ältere Paare verloren sich in der Weite. Als der einzige Kellner auf mich zustrebte, fahndete ich in seinen Zügen nach etwas Vertrautem, als könnte er uns vor zwölf Jahren schon bedient haben. Mein Blick glitt über die Speisekarte; ich fragte mich, was mein Vater, was meine Frau und ich damals bestellt hatten. Wollte ich am gleichen Tisch sitzen, das gleiche Gericht zu mir nehmen, um ihm hier nahezukommen? Weil es mir im Krankenhaus nicht gelungen war, die Verbindung herzustellen? Wollte ich den Glücksvater wiederfinden oder vielmehr eine Situation nachstellen, um in die Vergangenheit einzugreifen und eine andere Gegenwart hervorzurufen, wie es die Zeitreisenden in den Filmen versuchen?

Die Vorstellung der Schwiegertochter 1967: als mein Vater mit meiner Mutter nach Berlin zu seinen Eltern fuhr, nur wenige Monate nachdem sie zu heiraten beschlossen und im winterlichen Thessaloníki die Eheringe gekauft hatten. Meine Großeltern hatten während des Krieges bis zur Ausbombung eine Metzgerei in Berlin Moabit betrieben und waren nach dem Krieg als stolze Eigentümer eines Milch- und Lebensmittelladens im bürgerlichen Friedenau zu bescheidenem Wohlstand gelangt. Als mein Vater ihnen am Telefon mitteilte, dass er eine junge Griechin zu heiraten gedenke, reagierten sie irritiert. Warum eine Ausländerin? Gab es in Hamburg nicht genügend hanseatische Mädchen? Mein Großvater, der Fleischermeister, zitierte einen in Berlin lebenden Freund meines Vaters zu sich und wollte von ihm wissen: Was ist das für eine Sache zwischen dem Sohn und dieser griechischen Studentin? Wie sei die Verbindung einzuschätzen? Der Freund versicherte meinem Großvater, die Sache sei durchaus ernst zu nehmen, mein Vater wisse, was er wolle, schließlich habe er zuvor auch andere, nichtgriechische, also deutsche, vielleicht sogar hanseatische Freundinnen gehabt. Skeptisch empfingen meine Großeltern meinen Vater und seine Verlobte, meine spätere Mutter. Mein Großvater fragte die junge Griechin, woher sie stamme, seit wann sie in Deutschland lebe, wieso sie überhaupt nach Hamburg gekommen sei. Im Laufe des Gesprächs legte sich sein Argwohn, und am Ende der Prüfung habe mein Großvater sogar versöhnlich zu ihr gesagt: »Na, dann kaufe ich mir für die Hochzeit mal einen neuen Anzug!«

Was muss in den Köpfen meiner Großeltern vorgegangen sein, nachdem das junge Paar die Wohnung wieder verlassen und sich auf den Rückweg nach Hamburg begeben hatte? Was hat sie bewogen, ihre Meinung zu ändern und die Zukunft ihres Sohnes und seiner Verlobten mit dem Gewicht ihrer Ablehnung zu befrachten? Glaubten sie, meine Mutter hätte es gerade auf *das Geld der Familie* abgesehen oder nutzten sie nur die Gelegenheit, um der seit Langem schwelenden Enttäuschung über den eigenwilligen Sohn nun Taten folgen zu lassen?

Kaum hatten meine Eltern das kleine Apartment in Othmarschen betreten, in dem sie nach der Rückkehr meiner Mutter aus Griechenland zusammen lebten, klingelte das Telefon. Meine Großmutter teilte meinem Vater mit, dass sie, anders als besprochen, nicht zur Hochzeit anreisen würden. Sie missbilligten seine Eheschließung mit dieser Griechin, mit dieser Dahergelaufenen mit der großen Nase und dem *Flaum auf der Oberlippe*. Sie wollten, falls er sie heirate, nichts mehr mit ihm zu tun haben und würden ihn mit diesem Augenblick enterben.

Mein Vater ist ein Verstoßener, ein Enterbter, weil er meine Mutter, eine Ausländerin, trotz der elterlichen Drohung geheiratet hat. Was war mit diesem Moment geschehen? Hatte das Nein der Eltern das junge Paar nicht in eine Leere hinauskatapultiert? Ihre Ehe gründete auf einem fragilen Fundament: auf nichts als ihrer Entschlossenheit. Seine Wut auf die Eltern blieb, und bis heute plagt meine Mutter ein Schuldgefühl, dass ihre Heirat für meinen Vater zum Bruch mit ihnen geführt hat. Ist nicht noch etwas geschehen? Hat die Verurteilung seiner Verlobten – obwohl er zu ihr stand – nicht einen Keil des Misstrauens zwischen sie getrieben, der seine Wirkung erst später zeigte? Blitzte nicht – wie gegen den eigenen Willen – nach Streitereien oder in anderen dunklen Ehestunden die quälende Frage in ihm auf, ob die Eltern etwas in ihr gesehen hatten, was ihm verborgen geblieben war? Selbst ich habe mich lange wie im Bann *der Enterbung* gesehen; meine Freiheitsbestrebungen und zuweilen schroffen Distanzierungen von ihm waren stets von dem schalen Gefühl begleitet, dass auch ich ihn also verstieß.

Das Essen machte mich träge. Ich hatte alles gesehen, die Fotos von den prominenten Gästen an den Wänden, die Kuchentheke, die glänzenden Zapfhähne am Tresen, ich hatte alles mit den Augen berührt, bis es mir gelungen war, still zu sitzen, andächtig und gedankenleer. Jetzt musste ich gehen, bevor ich erneut in Apathie versank.

Draußen stürmte es, die Temperatur war unter den Gefrierpunkt gefallen. Myriaden scharfer Hagelkörner sprenkelten die Wiese. Trampelpfade hatten sich in spiegelnde Eisadern verwandelt. Ein Wintereinbruch Mitte Juni? Ich wollte zum Brunhildisfelsen, zu der bizarren Quarzit-Formation, an der Siegfried der Sage nach die schlafende Brünhild mit einem Kuss aus dem Zauberschlaf erweckt hatte. Von dort wollte ich mich querfeldein den Nordhang hinabschlagen, durch die raue Wildnis, mir im Gestrüpp die Haut aufreißen, Knie an Steinen stoßen und die Stirn an tief hängenden Ästen hessischer Urwaldbäume schlagen. Doch ich kam gegen den eisigen Wind kaum voran. Ein klagendes Jammern heulte von überallher durchs undurchsichtige Grau, das Wehklagen all der Verdammten, zu denen ich selbst längst gehörte. Ich schmeckte die Erde im Nebel, den Schiefer, die feuchten Wurzeln, die bittere Rinde eines Baumes.

Ja, nun durfte ich mich niederlassen und – die Arme um die Knie geschlungen – bewegungslos ausharren. Ich zitterte vor Kälte, meine Zähne hörten nicht auf aneinanderzuschlagen. Ich wartete, bis der rettende Vater kam, mich am Schlafittchen packte, auf seinen Rücken warf und mit mir den Hang hinuntersprang, keuchend, über Stock und Stein, und die erleuchtete Hütte erreichte, bevor es vollends dunkelte.

Ich weiß nichts von ihm, und das wird immer so bleiben.

Es war später Abend, elf oder vielleicht schon gegen Mitternacht, als ich die Klingel der Intensivstation drückte. Die Tür schwang auf, eine Pflegerin erschien überrascht am Ende des Gangs. »Sie sind es«, sagte sie mit freundlichem Desinteresse, bevor sie wieder verschwand. Es war fast still und nahezu dunkel. Nachts ist eine Intensivstation etwas völlig anderes als während der Geschäftigkeit am Tage. Tagsüber wirbeln Ärzte und Intensivpfleger, sie wollen retten, heilen, sie tun alles in ihrer Macht Stehende, und die Station ist erfüllt von praktischen Überlegungen, eingespielten Abläufen, fachterminologischen Beratungen und der Intuition der Erfahrung. In der Nacht greift das Personal nur ein, wenn etwas Unvorhergesehenes eintritt. Die Maschinen sind nicht mehr als Maschinen, und auf eine nüchterne Weise tritt die Grenze zwischen Leben und Tod klar hervor. Man könnte glauben, die Geräusche der Apparaturen, ihr Blinken und die wechselnden Zahlen und Kurven auf Displays und Monitoren wirkten im abgedunkelten Krankenzimmer unheimlich. Das Gegenteil ist der Fall. Sie sind ohne Belang.

Ich roch nach Erde und nach Torf, als ich leise die Tür des Zimmers schloss, in dem mein Vater am Fenster lag. Langsam trat ich näher. »Ich habe dir den Feldberg mitgebracht«, flüsterte ich. »Hier, nimm: der Nebel, die Wolken, der Duft von Fichtennadeln.« Ich streichelte seinen Kopf, fuhr vorsichtig durch das weiße, feine Haar. Hörte und erkannte er mich? War ich ihm ein Schatten, eine diffuse Anwesenheit, unpersönlich, aber noch immer als Energiefeld, als Wärme wahrzunehmen? Träumte er, schwamm er in Bildern, oder war es, wie Peter Nádas in dem Bericht *Der eigene Tod* schreibt, mit »dem ganzen großen sinnlichen Theater« längst vorbei. Ich zog den Stuhl heran und wartete. Mir wurde leicht, zum ersten Mal seit langer Zeit, ja, da war ein Glück der Ungewissheit, in dem ich schwebte und mir selbst zum Rätsel wurde.

In *Der eigene Tod* erzählt Peter Nádas von den Folgen eines Herzinfarkts und der Loslösung des Bewusstseins vom eigenen Körper – bevor die Ärzte den Sterbenden reanimieren. Seit ich das Buch vor zwanzig Jahren gelesen habe, trage ich einige Sätze aus ihm wie tröstende Losungen mit mir: »Im Universum herrscht Zeitlosigkeit« oder »Deine einstigen Erlebnisse schweben als Schatten von Planeten mit dir«. Im Auge »des neutral schauenden Betrachters«, schreibt Nádas, spiegelt sich die Unendlichkeit. Auch im Auge dessen, der auf der neurochirurgischen Intensivstation im schwach erhellten Zimmer am Bett des im Koma liegenden Vaters sitzt? Konnte ich den Vater vom Tand meiner Einbildungen und den Zurüstungen einer Geschichte befreien und ihn als fremdvertrautes Unendlichkeitswesen sehen?

Etwas Eigentümliches geschah. Ein Teil von mir stieg aus mir heraus, kletterte über den Seitenlauf des Bettes und legte sich zu meinem Vater. Da war noch Platz, nicht viel, aber er reichte. Der untröstliche Teil von mir lag bei ihm, während ich regungslos auf dem Stuhl verharrte und ungläubig lauschte, denn da war noch etwas im Gange, ein seltsames Tohuwabohu hinter mir. Offenbar hatte sich ein weiterer Teil von mir gelöst und war in eine Art Auseinandersetzung verwickelt, zumindest klangen das Schnaufen und die Schläge wie ein verbissen geführter Kampf. Gegen wen trat dieses Kämpfer-Ich in meinem Rücken an? Ich wandte mich nicht um, versuchte allein durch Hinhören einen Gegner zu unterscheiden. Es gab keinen, zumindest hörte ich immer nur eine Person schnaufen und zischen. Als ich das begriffen hatte, verloren die Klänge ihre Aggressivität, wandelten sich zu einem weichen und nahezu lautlosen Streichen nackter Fußsohlen. Aus dem Kampf war der Tanz eines Schattenboxers geworden. Ja, jemand tanzte in meinem Rücken für meinen Vater.

So wachten wir an seinem Bett, bis draußen jemand den Gang entlangschlurfte; als vernähme ich einen Ruf, stand ich auf, öffnete die Tür und fand mich einem Pfleger gegenüber, einem stattlichen Mann mit rundem, freundlichem Gesicht.

»Ah ja – Sie sinn der Sohn vom Hänn Schewa«, sagte der Pfleger. »Tut mir sehr leid, tja, dumm gelaufe die Sach' mit ihrm Vadder.« Ich war perplex, nein, verzaubert von der Erscheinung und ihrer offenherzigen Plauderlaune. Red' bloß weiter, Hessisch Bübsche, dachte ich. »Hoär Bluddrugg sischer ...«, sagte er, »... aber ob der tatsäschlich die Hianbludung ausgelöst hat – des is ne anner Fraach. Vielleischt hat die Bludung auch am Abend *vorm* Eingriff eingesetzt, mer waas es einfach ned. Da stößt die Medizin an ihre Grensze.«

Da war der Satz! *Da stößt die Medizin an ihre Grenzen*. Ich staunte über seine Einfachheit und nahm eine Erschütterung in der Tiefe zur Kenntnis, mit der eine Kontinentalverschiebung ihren Anfang nimmt. Ich ließ einige Sekunden verstreichen, bevor ich bereit war, die Frage zu stellen. Das runde, geradezu herzerweichend gutmütige Gesicht, seine Augen, deren Farbe ich nicht erkennen konnte, waren einen Moment nachdenklich auf mich gerichtet. »Ach, Sie meine, ob hiar irgenwas schiefgelaufe is? Kei Aahnung.« Er begann nachdenklich den Kopf zu wenden, als überschlage er, was er wusste oder von anderen über den Fall gehört hatte. »Isch weiß nur, dass man an diesem Haus mit Fehlern offen umgeht«, sagte er. »Wenn jemand was übersehe hat, dann wörd er des auch sachje. Hiar wid nix unnern Tebbisch gekehrt.« Er schwieg eine Weile, bevor sich seine Mundwinkel bedauernd nach unten zogen. »Tut mir wegglisch leid, aber *isch wüsst,* was isch tät, wenn des mein Vadder wär.«

Die Tür zum Zimmer meines Vaters hatte offen gestanden, das war mir während des Gesprächs bewusst geblieben, aber erst jetzt, als die (für mich) entscheidenden Sätze gefallen waren, wurde mir die Situation unangenehm. Ich hoffte, dass mein Vater, falls er uns von dort, wo er sich aufhielt, wahrnehmen und vielleicht sogar hören konnte, nur die Essenz des Gesprächs – die Gutmütigkeit des Pflegers und meine Erleichterung – mitbekommen hatte, nicht aber seinen genauen Wortlaut. Ich machte eine Bewegung zum Zimmer hin, oder vielleicht verlagerte ich auch nur das Gewicht. Augenblicklich wich der Pfleger zurück, als hätte er verstanden.

»Isch will Sie ned aufhalde«, sagte er, und dann sah ich ihm hinterher, sah, wie das Hessisch Bübsche im blauen Kittel auf leise quietschenden Gummischuhen den Gang hinunterschlenderte.

»Da bin ich wieder«, sagte ich, als ich die Tür hinter mir geschlossen hatte und erneut am Bett des Vaters saß. Es verging eine Weile, bis der Raum vor meinen Augen, bis die Gestalt mit der Stirnlocke und dem struppigen Bart im Halbdunkel an Kontur gewannen. Ich erwartete, dass ein weiteres Mal Wundersames geschah, dass Schatten aus mir herausspazierten oder rätselhafte Zeremonien in meinem Rücken abhielten, nichts davon passierte. Es wurde sehr still.

»Papa ...«, sagte ich.

Vor einigen Jahren – da war er fünfundsiebzig – wandte sich mein Vater mit dem Wunsch an eine Gemeinde, ehrenamtlich tätig zu werden. Er war kein gläubiger Mensch, auf eine fast spitzfindig naive Weise hatte er mir mal in wenigen Worten erklärt, warum es ihm nicht möglich sei zu glauben. Schon das Wort *Glaube* sei ihm – im Gegensatz zur Gewissheit – zu wackelig, instabil und wolkig, als dass er sich vorstellen könne, daraus eine Tätigkeit abzuleiten. *Wie soll das denn gehen? Glauben?* Auf ähnliche Weise hatte er mir erklärt, warum er sich bei anderen nicht entschuldigte: Bei einer Entschuldigung handelte es sich seiner Ansicht nach um den unlauteren Versuch, sich selbst von Schuld freizusprechen – *ich entschuldige mich* –, also eigentlich um eine Anmaßung.

Doch er hatte das Bedürfnis zu helfen und sprach im Gemeindebüro vor. Dort stellte man den Kontakt zu einer neunzigjährigen blinden Dame her, der er nun regelmäßig etwas vorzulesen begann. Mich berührte seine Initiative, doch wenn ich ihn nach diesen Besuchen fragte, wurde er einsilbig und klang ernüchtert, als verliefen sie nicht so, wie er sie sich erhofft hatte; nach wenigen Monaten erübrigten sie sich, die Dame verstarb, doch der Kontakt zur Gemeinde war geblieben, und unter den vielen Papieren in seiner Wohnung war mir auch eine Glückwunschkarte der Kirchenvorsteherin zu seinem achtzigsten Geburtstag in die Hände gefallen.

Ich wollte mit meiner Mutter über die Entscheidung sprechen und wusste nicht, wie sie reagieren würde, nachdem sie noch am Vormittag gesagt hatte, die Verantwortung sei zu groß. Doch als ich ihr am nächsten Tag – es war Freitag – meinen Vorschlag unterbreitete, war sie einverstanden, möglicherweise sogar erleichtert. »Ich möchte den Pfarrer bitten, in der Klinik eine Andacht zu halten, bevor die Ärzte den Beatmungsschlauch entfernen«, sagte ich.

»Ja, gut«, antwortete meine Mutter. »Das ist gut.«

»Wirklich?«

Sie seufzte.

»Natürlich, was können wir sonst tun?«

In den vergangenen Tagen hatte ich nur mit meiner Frau und unserer Tochter telefoniert; im Zustand der Unentschlossenheit war ich zu empfindlich und zu anfällig, geradezu begierig nach schicksalhaften Winken und Zeichen gewesen, um mit anderen Menschen zu sprechen; wie in intensiven Schreibphasen hatte sich ein seltsames Wechselspiel, eine Durchlässigkeit zwischen Innen und Außen ergeben, und ich hatte niemanden in einen Vorgang hineinziehen wollen, in dem er, ob er wollte oder nicht, eine einflussnehmende Rolle einnähme. Erst jetzt war ich in der Lage, einige Freunde zu informieren.

Danach wusste ich nicht, was tun. Ich hatte das Bedürfnis, mich vorzubereiten, aber keine Vorstellung davon, wie eine solche Vorbereitung aussehen konnte. Regungslos verharrte ich auf dem Bett im Anbau und lauschte auf die Vögel und das Rauschen der Bäume durchs offene Fenster, bis ein starker Bewegungsdrang von mir Besitz nahm.

Im Garten meiner Gastgeberin sammelte ich Äste und kleine Zweige auf, die der Wind auf den Rasen geweht hatte, und summte dabei vor mich hin. Ich unternahm einen Spaziergang durch die Kleingartensiedlung hoch bis zum Waldspielplatz am Rand des Stadtwaldes. Als mir einfiel, dass ich dort Jahre zuvor mit meinem Vater und meiner damals fünfjährigen Tochter geschaukelt hatte, machte ich kehrt, bevor die Erinnerungen mich fortreißen konnten.

Bergab auf dem Weg zurück überkam mich der Wunsch, die Strecke bis zur Klinik zu Fuß zurückzulegen – über den Wendelsweg, den Großen Hasenpfad zum Schweizer Platz, an der Kennedyallee entlang, bis die abzweigende Gasse mich an Einfamilienhäusern und sommerlichen Vorgärten vorüber auf das Klinikgelände führte. Und warum nicht auf der Schweizer Straße den Main überqueren? Durch das Bankenviertel zur Hauptwache und über die Eschersheimer Landstraße weiter nach Norden, immer weiter bis zum Holzhausenpark und von dort in einem großen Bogen übers Westend und durchs Bahnhofsviertel über die Friedensbrücke wieder nach Niederrad gelangen, um schließlich verschwitzt und rechtschaffen erschöpft die Klingel der Intensivstation zu betätigen?

Als ich Stunden später mit meiner Mutter am Bett des Vaters saß, war sie es, die zu ihm redete. Sie erklärte ihm, dass wir beschlossen hätten, die Maschinen abzustellen, und sie bat ihn um Vergebung. Gleich käme ein Pfarrer, und danach würden die Ärzte den Beatmungsschlauch entfernen. Sie hoffe, dass es ihm gutgehe. Ich sagte nichts, ich hatte den Eindruck, alles schon gesagt zu haben. Zur verabredeten Zeit empfing ich den Pfarrer, einen hageren Herrn Ende fünfzig, im Foyer des Krankenhauses. Strahlenförmige Falten liefen von seinen geröteten Augen bis zu den Schläfen. Seine Haut schien durchsichtig, und obwohl er groß und schlank war, wirkte er wie niedergedrückt von der Last seines Amtes und ausgezehrt von dem Trost, den er anderen unablässig spendete. »Natürlich, das ist doch selbstverständlich«, erwiderte er, als ich mich für sein kurzfristiges Kommen bedankte.

Am Bett meines Vaters sitzend, hielt er mit gebeugtem Kopf eine kurze Andacht. Er las einen Psalm, gemeinsam sprachen wir das Vaterunser, worauf er den Abschiedssegen erteilte und die Zeremonie beendete, indem er meinem Vater ein Kreuz auf die Stirn zeichnete. Nachdem er sich verabschiedet hatte, gaben wir der diensthabenden Oberärztin Bescheid. Sie kam in Begleitung zweier Pflegerinnen und bat uns, das Krankenzimmer zu verlassen.

»Das ist die Ärztin, von der Robert so beeindruckt war«, sagte meine Mutter, als wir auf dem Gang warteten. »Er hat sie gemocht, das hat er mir erzählt.« Ein zartes Lächeln erschien auf ihrem Gesicht.

Nach wenigen Minuten öffnete sich die Tür, die Pflegerinnen erschienen und sagten, wir könnten jetzt zu ihm.

Dort lag mein Vater, und er atmete. Er schnaufte, er röchelte beim Einatmen, als kämpfte er gegen einen Widerstand, aber er lebte, auch ohne Beatmungsschlauch. Mit jedem Ausatmen ging ein Zucken durch seinen mit einem weißen Kompressionsstrumpf bekleideten Fuß.

»Er bewegt sich«, rief meine Mutter erschrocken. »Was hat das zu bedeuten?«

»Das sind nur Reflexe«, sagte die Ärztin. »Sehen Sie – immer die gleiche kurze Bewegung.«

»Ich dachte, er macht sich über mich lustig«, sagte meine Mutter.

Die Ärztin legte ihr den Arm um die Schulter.

»Es ist nicht Ihre Schuld«, sagte sie. »Es ist nicht Ihre Schuld.«

Ich stand am Bett des bewusstlosen, atmenden Vaters, verwundert über das groteske Ausmaß meiner Fehleinschätzung. Ich hatte die ganze Zeit in die falsche Richtung gestarrt, felsenfest überzeugt davon, *die Maschinen abstellen* bedeute, ihm das Leben zu nehmen. Dabei hatten wir ihm sein Leben zurückgegeben: sein Leben und sein Sterben. Da lag mein Vater, und ich durfte und musste ihn gehen lassen.

Er starb in der Nacht. Am nächsten Morgen rief mich eine Ärztin an und teilte mir mit, dass mein Vater um zwei Uhr verstorben sei. Ich holte meine Mutter ab, wir fuhren ins Krankenhaus, doch das Zimmer, in dem er am Tag zuvor gelegen hatte, war leer. Man hatte ihn wegen eingelieferter Notfälle noch am Abend in den ersten Stock verlegt. Als wir die obere Station betraten, kam uns eine junge Pflegerin entgegen und sagte verlegen: »Mein Beileid.« Sie führte uns an die offene Tür eines Zimmers, dessen riesige Fensterflächen nach hinten hinaus zu einem üppigen Garten wiesen; im ersten Moment sah ich nur dieses flimmernde Grün, bevor ich vor dem Anblick meines toten Vaters zurückschreckte. Auch meiner Mutter entwich ein Geräusch der Überraschung. Auf seinem Gesicht lag ein Lächeln, für das mir nur das Wort *entzückt* angemessen erscheint. Nie hatte ich ihn im Leben so lächeln sehen.

»Das ist ein Zeichen an uns – er hat uns vergeben«, sagte meine Mutter.

Eine junge Ärztin trat ins Zimmer und sprach uns ihr Beileid aus. Es war jene, die mich am Morgen auch angerufen hatte. Sie trug ein Kopftuch und war sehr ruhig.

»Er lächelt so«, sagte ich.

»Er hatte keine Schmerzen, dafür haben wir gesorgt.«

Jedes Mal, wenn ich zu ihm sah, überraschte mich das Lächeln von Neuem. Ich wandte mich zur Ärztin, als sei sie mit meinem Vater und diesem Lächeln im Bunde. Ich wollte ihr danken, war mir aber nicht sicher, ob sie der richtige Adressat sei. Hilflos sagte ich: »Sie haben wirklich eine schwere Arbeit.«

Etwas in ihrem Ausdruck änderte sich, die Befriedigung über die eigene Berufung erhellte ihre Züge. »Aber auch eine sehr schöne«, antwortete sie.

Es war Samstagvormittag, doch als wir auf der Terrasse eines Cafés am Hainer Weg saßen, herrschte Sonntagsstille. Kaum ein Auto fuhr vorbei. Meine Mutter sprach als Erste mit meinem Bruder, dann reichte sie das Telefon an mich weiter.

»Na«, sagte ich.

»Na«, antwortete er.

Er klang gefasst. Er saß in seiner Wohnung in Athen, nur einen Steinwurf von der Fußgängerzone Makrygiánni entfernt, von den Cafés und Touristenrestaurants, deren Kellner ihm zuriefen: He, wie geht's, komm, trink einen Kaffee mit uns. Mit einer Stimme, die ich lange vermisst hatte, mit der Stimme eines Bruders, sagte ich:

»Ο πατέρας μας έφυγε.«

Unser Vater ist gegangen.

II

Die Dinge des Vaters – ich habe sie alle berührt. Seine bekrit-
zelten Zettel wuchsen aus Ordnern, Mappen und Heftern hervor, und die Kaumlesbarkeit seiner Schrift – in die Höhe stre-
bende und zugleich gedrängt wirkende und mit starkem Druck
geschriebene Buchstaben – beschwor eine unbekannte Bedeutung herauf. Während ich die Zettel entzifferte, stand ich jedes
Mal unmittelbar vor der Lösung eines Rätsels. Das Versprechen
auf einen anderen, einen *neuen* Vater steigerte sich noch, wenn
die Zettel irgendwo herausgerissen worden waren und über Riss-
kanten verfügten. Die Spur des Gestischen und Momenthaf-
ten löste eine Sehnsucht und Hoffnung in mir aus, von der ich
selbst nicht hätte sagen können, worauf genau sie gerichtet war;
mit einem Mal war ich von ihm umwölkt, und beides, die tiefe
Verbundenheit und das Nie-ganz-verstehen-Können, wurde als
scharfer Schmerz in der Magengrube körperlich.

Ich begann Relevantes von Bedeutungslosem (für mich) zu
scheiden. Die Brutalität lag dabei nicht im Loslassen der väter-
lichen Sachen, sondern in der immer wieder neuen Entscheidung, seine Lebensdinge nach dem Grad ihrer Verwertbarkeit zu
unterteilen und Kategorien zuzuordnen. Erstens: notwendige
Dokumente, Kaufverträge, Grundbuchauszüge und Ähnliches.

Zweitens: Erinnerungsstücke oder jene, die dazu werden würden, wenn man sie wie Reliquien ins Regalfach stellte. Drittens: einige wenige praktische Gegenstände für den Haushalt und viertens: all jenes – Fotoalben, biografische Notizen, Reisetagebücher, aber auch Broschüren, Landkarten, Flugbuchungen und aufgeklebte Fährtickets –, das als Quelle und Material bei der Verwandlung eines realen Menschen in eine Buchfigur dienen könnte. Es war mir offenbar unmöglich, mich von den Dingen des Vaters zu trennen, ohne dass sich an den Rändern des Bewusstseins das vage Gebilde einer Vater-Erfindung abzeichnete.

Meine Freunde in diesen Wochen: die stets gut gelaunten Lotsen auf dem Recyclinghof in der Frankfurter Seehofstraße. Braun gebrannt kamen sie in ihren orangefarbenen Latzhosen zum Auto geschlendert und beugten sich über das Chaos im Kofferraum. Altpapier und Kartons hier, Plastik da, Sperrmüll dort hinten. Obwohl ich die meisten Dinge meines Vaters ihrer Zerstörung zuführte, tröstete mich das Wissen, dass der Blick dieser Hüter ihnen bis zum Schluss einen Wert beimaß (den der möglichen Wiederverwertbarkeit), den ich selbst ihnen schon abgesprochen hatte.

Eines der wenigen Vaterdinge, das seinen Weg bis in unseren Berliner Alltag fand und dabei sowohl Andenken, praktisches Gebrauchs- als auch Schreibobjekt darstellt, ist sein großer beiger, ziegelsteinschwerer Vollmetalllocher. »Wo ist der Locher?«, fragt unsere Tochter. Der Locher meines Vaters verwandelte sich in den Locher unserer Kleinfamilie und ist nun *Der Locher an sich*. Sobald ich den Locher benutze, durchfährt mich ein

Glücksschauer, und dieses Wohlgefühl vertieft sich, wenn unsere Tochter damit Aufgabenblätter aus dem Unterricht locht. Vom Großvater über den Vater zu ihr, vom Vater über den Sohn zur Enkelin. Dabei hat der Locher für ihn nie die Bedeutung erlangt, die er nun für mich hat. Ich *ehre* mithilfe des Lochers, ich *folge dem Gebot*, indem ich Belege und Ausdrucke jeglicher Art in den Schlitz unter dem extrarobusten, steil aufragenden Metallhebel schiebe und mit kraftvollem Niederdrücken desselben zwei kreisrunde Löcher im Abstand von achtzig Millimetern in die Papiere stanze. Wäre es doch immer so leicht, sich im Strom der Generationen treiben zu lassen.

In seinen Notizzetteln und Papieren stieß ich auf einen Brief, den er im Jahr 2000 (sogar an mich) geschickt und für sich ausgedruckt hatte. Er war dreiundsechzig Jahre alt und schrieb:

»Ich fühle mich oft müde (nicht nur rein körperlich ...). Ich meine mehr eine andere Müdigkeit, eine Trägheit – keine Lust mehr zum Kämpfen –, ich habe mein halbes Leben gekämpft, nicht immer »gegen« etwas oder wen, sondern auch »um«, sozusagen gegen die Umstände, häufig allerdings auch gegen mich selbst.«

Ein Kampf mit den Umständen – und häufig gegen sich selbst.

Mein Vater wurde am elften Dezember 1936 in eine Berliner Fleischerfamilie als zweites Kind des Ehepaares Robert und Johanna Schäfer geboren. Auch sein Großvater und der Bruder des Vaters waren Fleischer, alle drei arbeiteten im Familiengeschäft in Berlin Tempelhof; dort hatte sein Vater auch seine

Mutter kennengelernt, die als junges Mädchen aus Dresden nach Berlin gekommen war, um eine Ausbildung als Verkäuferin zu absolvieren.

Hineingeboren in eine deutsche Fleischerfamilie, fast vier Jahre nach der Machtergreifung der Nationalsozialisten. Ein Kind erblickt das Licht der Welt, schreit, atmet, lernt laufen, sprechen, denken und urteilen in dieser Luft, in dieser Familie, in dieser nationalsozialistischen Berliner Wirklichkeit. Wenige Tage vor seiner Geburt hatte der deutsche Propagandaminister Joseph Goebbels jegliche Kunstkritik verboten. Was künstlerisch von Rang war, bestimmte ab diesem Zeitpunkt die NSDAP. Am zweiten Dezember wurde Thomas Mann, seit 1933 im Schweizer Exil lebend, die deutsche Staatsbürgerschaft entzogen; ab dem siebten Dezember war es den in sogenannten Mischehen lebenden Deutschen untersagt, die »Reichs- und Nationalflagge« zu hissen. Haben das meine Großeltern zur Kenntnis genommen, wenige Tage vor der Geburt ihres Sohnes? Und falls ja, haben sie diese Entscheidungen begrüßt, insgeheim oder offen, oder entschieden abgelehnt? Persönlich betroffen hat es sie nicht. Sie waren beide evangelisch getauft, und Interesse an Kunst und Literatur ist nicht überliefert. Waren meine Großeltern Nazis? Wie bei allen Deutschen meiner Generation stellt sich diese Frage. Mein Vater sagte, als ich ihn danach fragte: *Nein.* Ein ruhiges, differenziertes Sprechen über die Eltern und ihre politische Haltung darüber hinaus ließ sein heftiger Elterngroll nicht zu. Eine Anfrage beim Bundesarchiv ergab, dass sie keine Parteimitglieder waren. Meine Vermutungen dazu sind unweigerlich von seiner Verletzung über die Enterbung beeinflusst, aber auch von meinem Argwohn, den ich als Teil einer psychologisch geschulten Nachkriegsgeneration gelernt habe, Erzählungen der Eltern zur Nazizeit grundsätzlich entgegenzubringen – als vermeintliche Deck-Erzählungen und unbewusste oder vorsätzliche Verharmlosungen. Etwas an meinen Großeltern bleibt deshalb immer verdächtig.

Worüber kein Zweifel besteht: Für sie zählte vor allem die Arbeit. Arbeiten – und so bald wie möglich ein eigenes Geschäft eröffnen. Denn als Zweitgeborener würde nicht mein Großvater, sondern sein älterer Bruder das Familiengeschäft weiterführen. Besonders meine Großmutter wollte selbstständig sein, mit Mitte zwanzig übernahm sie einen kleinen Milchladen, gab ihn wenige Jahre später aber wieder auf, denn nun war es so weit: 1938 eröffneten meine Großeltern eine eigene Fleischerei in Berlin Moabit, Beusselstraße 44, nur einen Steinwurf entfernt von den Becken, Kanälen, Gleisanlangen und Verladekränen des Berliner Westhafens. Zum Geschäft im Erdgeschoss gehörten weitere Bereiche im Untergeschoss. Während mein Großvater in den Arbeitsräumen Fleisch zuschnitt oder Wurst herstellte, bediente meine Großmutter im Laden die Kundschaft. Die Kinder verbrachten die Tage mit dem Kindermädchen in der Wohnung darüber in der Beletage. Das Geschäft muss gut gelaufen sein – trotz der Fleischrationierung ab dem Kriegssommer 39. Die Familie konnte Urlaube an der Ostsee verleben; meine Großmutter reiste mit den Kindern auch nach Süddeutschland.

Sein Lachen auf den Fotos dieser frühen Jahre: strahlend und ungetrübt. Auf einigen Bildern legt die ältere Schwester den Arm um seine Schulter, während er glücklich lächelt. Man sieht die fürsorgliche Sphäre förmlich, die Geborgenheit, die solch ein Strahlen erst ermöglicht. Seine Mutter, meine Großmutter, wirkt dagegen steif, als hätte sie schon früh unter Schmerzen im unteren Rücken gelitten. Schmales Gesicht, spitze Nase, das seitlich gescheitelte helle Haar gewellt. Sie trug lange Kleider, schief sitzende Hüte, Mäntel mit Pelzkragen oder gegürtelte Trenchcoats. Nicht streng im Ausdruck, aber verhalten und ein wenig verloren wirkt sie wie eine Frau, die nie jung gewesen ist, wie jemand, der – selbst wenn er lächelt – durch eine innere Wand von der Freude getrennt bleibt. Die Großmutter, die ich später bei ihren wenigen Besuchen trotz der mitgebrachten Rolle Atemgold und dem Zehnmarkschein im Umschlag als kühl und herrisch erlebte, wirkte auch damals schon unnahbar. Mein Großvater ist auf diesen Bildern ein ernster Mann um die vierzig, immer im Anzug, verschlossen, geradezu düster blickend – oder ein wenig geckenhaft in Positur gestellt. Auf einem Foto reckt er das Kinn, stützt den Arm auf einen Spazierstock und winkelt dabei ein Bein an, wie man es von Charlie Chaplin kennt; statt verspielt wirkt die Haltung jedoch großspurig. Sieht man der Großmutter den Dauerschmerz an, so ihm den Willen, es zu schaffen, aber auch die Anstrengung und einen grollenden Stolz, es als Zweitgeborener schwerer gehabt zu haben als der ältere Bruder.

Dann dieses Bild von Vater und Sohn in Sonntagsstaat: mein Großvater im zweireihigen geschlossenen Mantel. Weißes Hemd, Krawatte, Hut, Zigarre im Mund. Daneben mein herausgeputzter fünfjähriger Vater: auch er im zweireihigen dunklen Mantel, dazu ebenfalls ein weißes Hemd; auch seinen Kopf ziert ein Hut, und wie die Hände des Vaters stecken auch seine tief in den Taschen des Mantels. Vater und Sohn im Partnerlook, der Kleine den Großen nachahmend. Man hatte ihn Robert genannt, nach dem Vater und dem Großvater, doch besaß er weder die körperliche Konstitution für die Ausübung des Fleischerhandwerks noch ein Interesse an der Fortführung der Familientradition. Er war der Prinz. Die spätere Zurückweisung muss auch mit Enttäuschung zu tun gehabt haben.

Und der Krieg? Und all das, was zur gleichen Zeit in Berlin geschah? Bis auf einige Uniformierte auf einem Ausflugsbild vor einer Schlossfassade ist nichts davon zu sehen. Es sind Familien- und Erinnerungsbilder von Sonntagsfahrten, von Reisen und den *guten Gelegenheiten.*

Nur wenige Hundert Meter von der Wohnung der Familie entfernt, am damaligen Bahnhof Putlitzstraße, wurden ab dem Frühjahr 1942 vom Gleis 69 des Güterbahnhofs Moabit aus insgesamt zweiunddreißigtausend Juden deportiert, in die Ghettos von Lodz, nach Theresienstadt und ins Gas von Auschwitz. In offenen Lastwagen, aber auch zu Fuß waren sie von der als Sammellager missbrauchten Synagoge in der Levetzowstraße am hellichten Tag in Einheiten von bis zu tausendfünfhundert Personen die zwei Kilometer zum Bahnhof getrieben worden, vor aller Augen durch die Jagowstraße, über Alt Moabit und die belebte Turmstraße, dann die Lübecker Straße und Havelberger Straße gen Norden, durch klassische Berliner Wohnstraßen, bis der Menschenzug an der Quitzowstraße nach Osten gelotst und schließlich über eine Stichstraße zum Gleis 69 getrieben wurde.

Hat mein Vater als Kind einen dieser Menschenzüge gesehen, Kinder, Frauen und Männer, die Reste ihres Hab und Guts in Koffer gepackt in der Hand, weil sie sich an die von den Gestapo-Leuten verbreitete Mär von der »Reise ins Arbeitslager« klammerten? Ist es überhaupt möglich, dass er diese Menschenzüge nicht gesehen hat? Etwa als er mit seiner Schwester und ihrem Puppenwagen in Begleitung eines Kindermädchens einen Ausflug zum Postamt an der Turmstraße unternahm? Hat er das Kindermädchen nicht gefragt: »Wo gehen diese Menschen hin?«

Das Gleis 69 existiert längst nicht mehr; dort, wo es damals verlief, rasen heute Autos auf der Ellen-Epstein-Straße durch das Moabiter Gewerbegebiet. Doch die Stichstraße zur damaligen Rampe ist erhalten geblieben und wurde 2017 als Gedenkort eingeweiht. Zwischen Lidl-Parkplatz und Hellweg-Baumarkt führt ein gepflasterter Weg zu den Fragmenten des Deportationsgleises mit der historischen Spundwand. Auf der nicht einmal dreihundert Quadratmeter umfassenden Fläche dahinter wachsen zwanzig mit Kalk bestrichene Waldkiefern. Als ich die Vespa abstelle, bin ich der Einzige weit und breit. Ein zerbrochener Plastikstuhl und die Scherben einer Bierflasche liegen auf dem Pflaster. Eine junge Frau mit einer Arbeitsplatte unterm Arm nutzt die Stichstraße als Abkürzung vom Baumarkt. Auf einer Gedenkwand aus rostbraunem Stahl lese ich:

Der Güterbahnhof Moabit war der größte Deportationsbahnhof des nationalsozialistischen Regimes in Berlin. Etwa 30.000 Menschen wurden von den Gleisen 69, 81 und 82 deportiert. Nur wenige haben überlebt.

Von all dem bleiben die Familienfotos unberührt, dennoch bringe ich ihnen kein Misstrauen entgegen. Sie versprechen nicht mehr als das, was sie zeigen. Ich kann ihnen glauben, weil ich nie vergesse, dass es Selbstinszenierungen sind, keine Dokumentationen der Wirklichkeit. Von einem Sonntagsfoto erwarte ich nicht, dass es vom Leiden des Nachbarn erzählt.

Eine solche Unbefangenheit konnte ich den Kriegserinnerungen meines Vaters nie entgegenbringen, obwohl er damals nicht älter als fünf oder sechs gewesen war. Unbehagen begann sich in mir zu regen, wenn er erzählte, wie er mit seiner Familie einen Ausflug zu einer Flak-Anlage am Rande von Berlin unternahm, wo ihnen ein dort eingesetzter Onkel die Anlage erklärte. Oder die Anekdoten zum *gefährlich losen Mundwerk* seiner Mutter. Sie hatte 1943 (wohl nach der Niederlage von Stalingrad) auf die Heil-Hitler-Begrüßung eines Kunden »Wer sagt denn heute noch Heil Hitler?« erwidert – worauf sich ihr Mann beim zuständigen Ortsgruppenleiter für die »wehrzersetzende« Unbotmäßigkeit seiner Frau hatte rechtfertigen müssen.

Erzählte meine griechische Mutter Geschichten aus dem griechisch-italienischen Krieg von 1940, in dem ihr Vater, mein anderer Großvater, eingesetzt gewesen war, nahm ich sie ohne Argwohn in den Fundus meiner Familienerzählungen auf, unabhängig davon, ob sie stimmen mochten oder nicht. Die Anekdoten des Vaters weckten dagegen einen mehrfachen Widerstand: In ihnen schwang nicht nur die Möglichkeit der Beschönigung mit, gerade wenn sie seine Mutter als Hitlergegnerin zeigten. Mich befremdete auch die Unbedarftheit, mit der mein Vater sie selbst im hohen Alter noch vortrug; ich sah sie als Ausdruck seiner bis zum Schluss andauernden Gespaltenheit – so wütend er über die ihn verstoßen habenden Eltern war, so unberührt und kindlich blieben diese Kriegserinnerungen, als habe er sich wenigstens auf diese Weise ein gutes Bild von den Eltern erhalten wollen.

Im Herbst 1943 marschierte jeden Morgen eine Einheit frisch eingezogener Soldaten auf dem Weg zu einem Exerzierplatz am Haus vorbei. Eines Tages schloss sich der Sechsjährige mit seinem Holzgewehr den Soldaten an; er wurde herzlich aufgenommen, nahm an den Übungen teil und wurde dafür später mit einer Urkunde ausgezeichnet. Nicht die Tatsache, dass der Sechsjährige begeistert mitmarschiert, sondern die Unreflektiertheit des sechzig oder siebzig Jahre später davon Erzählenden irritierte mich. Erwartete ich, dass in seinen Erzählungen das Wissen um die Unfassbarkeit der Judenvernichtung in jedem Moment mitschwang? Oder gönnte ich ihm die naive Kindheitserinnerung nicht, weil ich in ihr jene Unreife wiedererkannte, unter der ich später zu leiden hatte?

Tatsächlich hatte im Herbst 43 der Krieg längst einen starken Einfluss auf den Alltag der Familie genommen. Die meisten seiner wenigen Erinnerungen, die er als Siebzigjähriger in kurzen Szenen niedergeschrieben hat (»Meine Umbruchsjahre 1944 und 1945«), richteten sich wie die Eisenspäne auf einem Magneten auf das Zentrum aus: die Ausbombung der elterlichen Geschäfts- und Wohnräume Ende Januar 44. Und diese Erinnerungen lösten keinen Verdacht in mir aus, beschrieben sie doch ein Ereignis, bei dem keine Idealisierung oder Verharmlosung zu befürchten stand und dessen Schockwellen bis in meine eigene Biografie hinein zu spüren waren.

»Ich höre noch die häufigen abendlichen Radio-Durchsagen mit in etwa dem folgenden Text«, schreibt er. »Feindliche Bombergeschwader überfliegen den Raum Braunschweig. Sie nähern sich Berlin … Und dann kam irgendwann dieses furchtbare Sirenengeheul, bei dem es mir noch heute bei irgendwelchen aktuellen Probealarmen kalt und heiß den Rücken herunterläuft.« Er beschreibt auch den »Sonntagseinsatz zum Schleifen der Dachverschläge«, bei dem die Hausbewohner gemeinsam die Trennwände im Dachboden entfernten, um bei einem Bombentreffer die Brandgefahr zu verringern. Schon die letzten Tage des Jahres 1943 hatte er mit seiner Mutter und der älteren Schwester die meisten Nächte im Bunker verbracht, während der Vater in der nur noch notdürftig eingerichteten Wohnung geblieben war. Dann heißt es: »Am frühen Morgen nach dem 36. Geburtstag meiner Mutter am 28. Januar 1944, also am 29. Januar, erschien mein Vater im Bunker und weckte uns. Das vierstöckige Haus, in dem sich im Keller- und Erdgeschoss der Fleischerei-Betrieb und im 1. Geschoss unsere Wohnung befanden, war in der Nacht durch Brandbomben getroffen worden.« Während die Eltern mit der Schwester zum Haus gingen, um zu bergen, was zu retten war, ließen sie den Jungen weiterschlafen. Als er später allein aufwachte, verließ er erschrocken den Bunker, lief zwischen den entsetzten Menschen zur Beusselstraße und sah von der anderen Straßenseite das brennende Haus. So stand er, ohne sich zu rühren. »Eine Nachbarin bemerkte mich und nahm mich mit in ihre Wohnung. Irgendwann brachte sie mich zur Familie.«

Die Rettungsarbeiten mussten eingestellt werden, durch das Löschwasser drohten die Zwischendecken einzustürzen. Wohnung und Ladenräume waren unbenutzbar geworden.

Bis dahin war es ihnen gutgegangen. Als Betreiber eines für die »Volksernährung« wichtigen Geschäftes galt der Vater als unabkömmlich und musste nicht an die Front. Nun war die Existenz über Nacht zerstört. Jetzt gehörte man zu den Hunderttausenden Berliner Obdachlosen, die in Suppenküchen versorgt und in Behelfsunterkünften untergebracht wurden. Die Familie kam in einem Zimmer in Wilhelmsruh unter, einem Ortsteil von Pankow; mein Großvater hielt sie mit Schwarzmarktgeschäften und Gelegenheitsarbeiten im Lebensmittellager eines Bekannten über Wasser.

»Während ich … mir der … recht nebulösen Erinnerungen an das Zimmer bewusst werde«, heißt es, »stößt mir plötzlich auf, dass es zwei Betten in diesem Zimmer gab. Mutti und K. schliefen in dem einen, Vati und ich in dem anderen.«

Keine Einordnung, keine *Geschichte,* die gleichsam spröde Auflistung der Geschehnisse wird begleitet von einem nie verstummenden Zweifel. »Kann dies überhaupt sein? Jetzt zweifle ich«, schreibt er zum Ende der Passage über die Ausbombung. Zweifel woran? An den Geschehnissen? An dem rätselhaften, die Ereignisse immer wieder anders vergegenwärtigenden Prozess der Erinnerung? Mir scheint, als beziehe sich der Zweifel auf die Überwältigung des kindlichen Bewusstseins durch die Ausbombung als solche, auf den Schock des Nicht-glauben-Könnens, den er nie ganz überwunden hat. Dabei schmerzt vor allem dieses Bild: wie er im Gewimmel der Straße verwirrt das vom Bombeneinschlag zerstörte und brennende Haus betrachtet – bis eine Nachbarin den verstörten Jungen aufliest.

Jahrzehnte später, als ich von den Geschehnissen erfuhr, bildete die Ausbombung das rätselhafte Zentrum der schwierigen Vatergeschichte, die ich bald lernte, bei seinen aufschäumenden Wut-Attacken nachsichtig in Rechnung zu stellen. Sein nervöses, flatterndes Herz, das schnelle Außer-sich-Geraten – bis heute besteht in meinem Vater-Bild ein unmittelbarer Zusammenhang zwischen dem in Flammen stehenden Haus und seiner eigenen, jeden Moment möglichen Entflammbarkeit. Als sei damals eine innere Schutzmembran eingerissen, die er nie wieder ganz hatte flicken können und deren Durchlässigkeit ihn Zeit seines Lebens eine kraftraubende Habacht- und Verteidigungsstellung hat einnehmen lassen. Dabei ist die Ausbombung nur das prägnanteste äußere Bild einer inneren Erschütterung, die schon früher begonnen hatte. Seine viel beschäftigte Mutter hatte ihn als dreijährigen Jungen einer kinderlosen Tante, die zu Besuch gekommen war, wie eine Leihgabe für ein Jahr an den Bodensee mitgegeben, als sei der Junge ihr gleichgültig oder eine Last. Und bildete seine Enterbung Jahrzehnte später, als er mit der griechischen Verlobten bei den Eltern vorsprach, nicht die Fortsetzung und Vollendung ihrer immer schon empfundenen Zurückweisung? Das Weggegebenwerden als Kleinkind, die Ausbombung und seine spätere Verstoßung ergaben für mich einen Dreiklang des Vertrauensverlusts, mit dem ich mir sein Handeln zu erklären versuchte. Er kann nicht anders, murmelte eine Stimme in mir, wenn ich sein Verhalten nicht verstand. Wenn er beim Rasieren im Bad wütend Selbstgespräche führte und dabei wie ein störrisches Kind mit dem Fuß aufstampfte; wenn er aus unerklärlichen Gründen Streit mit meiner Mutter vom Zaun brach und die beiden sich – von einem auf den nächsten Moment – als Todfeinde gegenüberstanden. Wenn mein minutenkurzes Zuspätkommen eine fassungslose Stille bei ihm auslöste, eine Stille, in der nichts als das Hass-Knacken aus seiner Kehle zu vernehmen war. So fügte sich das Bild vom Vater als Opfer der Umstände, auf das ich selbst dann noch mit Verständnis zu reagieren versuchte, als auch ich von ihm zum Teil eines dämonischen Zusammenhangs erklärt wurde. »Meinst du, es macht mir *Spaß* zu schimpfen!«, fauchte er aufgebracht nach seinen Ausbrüchen, als würde auch ich ihn zwingen, die Kontrolle zu verlieren.

Mein Verständnis hatte einen hohen Preis. Ich sah sein Leiden und konnte ihm zugleich seine Ungerechtigkeit nicht verzeihen. Ich verlor die Achtung vor ihm. Ein tiefer Groll begann von mir Besitz zu nehmen. Wie konnte er es wagen, für seine Ausfälle auch noch mich verantwortlich zu machen? Bemerkte er eigentlich, wie er die Welt verdrehte und dabei in ein Lügengespinst verwandelte, wenn er die Schuld immer auf andere schob? Mir wuchs ein zweites Gesicht. Ich blieb stets bemüht, Entschuldigungen für sein Verhalten zu finden, während sich das eisige Lächeln des überheblichen Sohnes in meine Züge fraß. Deshalb bin auch ich versteckt in dieser Version des Vaters: Ich stehe im Halbschatten hinter seiner Schulter, einen verächtlichen Ausdruck im Gesicht, Schutz und Bedrohung zugleich und durch ein undurchdringliches Fadennetz aus Mitgefühl und Wut an ihn gebunden.

Kein Sohn will die Achtung vor dem eigenen Vater verlieren, und natürlich ist mit diesem Buch auch die sprachmagische Hoffnung verbunden, mithilfe neutraler Sätze die (falls noch vorhandenen) letzten Spuren der frühen Verächtlichkeit ihm gegenüber zu tilgen und ins rechte Sohnes-Verhältnis zurück-zufinden.

Der Impuls, den ersten Entwurf auszuwischen und ein Gegen-bild zu zeichnen, ein Bild, das auch dem *anderen* Vater gerecht wird. Ja, haben die Umstände ihn nicht ein zweites Mal zur Welt gebracht, als Fernweh- und Reisemenschen, dessen mitreißende Begeisterung auch mein Herz hat höher schlagen lassen? Er-wies sich die *Leihgabe* des Kleinkinds an den Bodensee für ihn nicht als Glück? Wenn er von ausgelassenen Zeiten erzählte, dann waren es die Jahre bei Tante Mariechen und Onkel Kurt.

Sechster Mai 1937. Nach zweieinhalbtägiger Linienfahrt von Frankfurt nach New York hätte das Luftschiff LZ 129 *Hinden-burg* längst in Lakehurst gelandet sein sollen, doch stürmisches Wetter vor Neufundland hatte die Fahrt verlangsamt. Mit zwölf Stunden Verspätung erreichte der größte Zeppelin der Welt ge-gen fünfzehn Uhr den Luftschiffhafen südlich von New York, erhielt wegen eines auch dort heraufziehenden Gewitters je-doch keine Landeerlaubnis und drehte eine Ehrenrunde über der Küste New Jerseys. Um achtzehn Uhr, die Wetterverhält-nisse hatten sich verbessert, näherte sich die *Hindenburg* dem Landeplatz zum zweiten Mal, doch beim Anfahren auf den Ankermast drehte sich der Wind, das Schiff fuhr eine Kurve, um den Mast aus der Gegenrichtung erneut anzusteuern. Als das Schiff in einer Höhe von sechzig Metern schließlich vor dem Mast zum Stehen kam, wurden die Landetaue abgewor-fen und mit den Ankermastseilen verbunden. Wenige Minuten später ging ein Ruck durch das Schiff, und im Heck brach –

wohl durch die Entzündung eines Luft-Wasserstoff-Gemischs – Feuer aus. Während die Flammen sich in Windeseile bis zum Bug hindurchfraßen, stürzte die *Hindenburg* ab und schlug, nur wenige Sekunden später, als ausgebranntes Aluminiumgerippe auf den Boden. Fünfunddreißig der siebenundneunzig Personen an Bord verloren ihr Leben, zu den neununddreißig überlebenden Crewmitgliedern gehörte auch der Obersteuermann Kurt Schönherr. Er hatte sich mit einem Fenstersprung aus der Führergondel retten können.

Als am nächsten Tag die Liste der Überlebenden im Deutschen Radio verlesen wurde, saß auch meine Großmutter Johanna am Empfänger und traute ihren Ohren kaum, als sie den Namen Kurt Schönherr vernahm. Kurt war ihr Onkel, der jüngere Bruder ihrer Mutter, und er galt, seitdem er als junger Mann zur See gegangen war, als verschollen. Seit Jahrzehnten hatte sie nichts von ihm gehört. Tatsächlich war Kurt, 1890 geboren, als Matrose der Kaiserlichen Marine beigetreten und dort zur militärischen Luftschifffahrt gewechselt. Im ersten Weltkrieg war er an Bord des sogenannten *L3* über der englischen Küste bei Norfolk geschwebt (um darauf den Hafen von Great Yarmouth zu bombardieren); ein gutes Jahrzehnt später stieß er zur zivilen Luftschifffahrt und heuerte bei der Luftschiffbau-Zeppelin in Friedrichshafen als Obersteuermann auf der legendären *Graf Zeppelin* an, nahm an der Welt- und der Polarfahrt teil und überquerte auf der Linienstrecke Frankfurt – Rio de Janeiro Dutzende Male den Atlantik, bevor er – wie viele seiner Kollegen – 1936 auf die größere und modernere *Hindenburg* wechselte und mit ihrem Absturz in Lakehurst eine legendenhafte Prominenz erlangte.

Wie viele höhergestellte Luftschiffer besaß auch Kurt ein Haus in der 1934 angelegten Luftschiffersiedlung Zeppelinheim in der Nähe des Frankfurter Flug- und Luftschiffhafens, bewohnte mit seiner zweiten und wesentlich jüngeren Frau Marie aber noch ein weiteres Haus in einem Dorf bei Friedrichshafen am Bodensee. Über die Deutsche Zeppelin-Reederei nahm meine Großmutter Kontakt zu Kurt auf, sobald wie möglich wollte sie den verloren geglaubten Onkel, mit dem ein mondäner Glanz in ihr bescheidenes Leben fiel, wiedersehen; doch erst 1940, der Krieg hatte begonnen und Kurt war als Oberleutnant im besetzten Paris stationiert, kam es zu einem Zusammentreffen im Haus meiner Großeltern in Berlin Moabit. Kurt nahm an einem Offizierslehrgang in Berlin teil, und während er Ausbildungskurse besuchte, beherbergte meine Großmutter die nahezu gleichaltrige Marie und unternahm Ausflüge mit ihr und den Kindern. Marie war entzückt von dem blonden dreijährigen Jungen, und zum Ende ihres Aufenthaltes fragte sie, ob sie den kleinen *Robbes* nicht mitnehmen dürfe. Meine Großmutter willigte ein.

Ich sehe die elegante Marie – sie war Mitte dreißig – vor Robbes und seiner Mutter in die Hocke gehen.

»Sag mal, möchtest du mit mir kommen? Wir haben Hühner und Gänse, und auf den Wiesen grasen Kühe. Du kannst Traktor fahren, und wir machen Dampferfahrten über den See. Und jeden Morgen kriegst du ein frisch gelegtes Ei.« Einladend öffnet sie die Arme, und als Robbes auf sie zuläuft, umarmt sie ihn ungläubig und hebt ihn hoch. »Als Erstes gibt es eine Überraschung. So etwas hast du noch nicht gesehen. Möchtest du mit?«

Der Junge nickt und beginnt vor Aufregung zu zappeln. Er fühlt sich wohl bei der Frau, die so gut riecht und viel lacht, zugleich zieht eine unbestimmte Angst in ihm auf. Was ist mit seiner Mutter, mit seiner Schwester?

»Kriegt Mutti auch ein Ei?«

»Ich mag keine Eier, das weißt du doch.« Mit sanftem Druck legt Johanna ihre Hand an seinen Rücken.

Warum geht danach alles so schnell? Das Kindermädchen trägt den Koffer hinunter, die ältere Schwester drückt ihrem Bruder ein Kuscheltier in den Arm, schon besteigen Tante Mariechen und Robbes den Fond einer Taxe vor dem Haus und rutschen zu Onkel Kurt auf die lederne Rückbank. Onkel Kurt wirkt in der dunklen Uniform und mit der Schirmmütze ernst, aber auch gemütlich wie ein Opa.

»Willkommen, kleiner Mann!«, sagt er.

Tante Mariechen umarmt den Jungen auf ihrem Schoß fest, damit er nicht auf die Idee kommt, sich nach der winkenden und immer kleiner werdenden weinenden Schwester umzudrehen und vor Schreck selbst in Tränen auszubrechen. Der Wagen fährt schnell, als beförderte er eine außergewöhnlich kostbare Fracht. Nun ist es Tante Mariechen, die dem Jungen von Berlin erzählt. »Das ist das Schloss Charlottenburg, der Mann auf dem Pferd ist der Große Kurfürst, in dem Pavillon dort haben Prinzen und Prinzessinnen vor großen Spiegeln getanzt.«

Der Wagen rast, hat den Spandauer Berg schon erreicht. Rechter Hand sind die Festungsmauern der Spandauer Zitadelle zu sehen. »Schau, eine Burg«, ruft sie, da sie ihren Namen nicht kennt. Robbes schaut, ohne zu sehen. Die Angst hat sein Herz im Griff. Die Aufregung des hastigen Aufbruchs, die Versprechungen und der betörende Duft Tante Mariechens haben ihren Reiz längst verloren. Das Schweigen Onkel Kurts erschreckt ihn, und Tante Mariechens Umarmung beginnt zu schmerzen. Mit Entsetzen geht ihm auf, dass weder seine Schwester noch sein Kindermädchen mit im Auto sitzen, dass er mutterseelenallein in ein unbekanntes Nirgendwo rast – doch bevor die ersten Töne seinen aufgerissenen Mund verlassen, biegt der Wagen auf einen Waldweg ein und rumpelt über Schlaglöcher. »Ein Fuchs«, ruft Tante Mariechen. Ihr Griff hat sich gelockert, mit verträumter Zärtlichkeit spielen ihre Finger im feinen Haar an seinem Hinterkopf. Im gleichen Moment sagt Onkel Kurt, plötzlich bester Dinge: »Na, da staunste.« Und als Robbes den Kopf wendet und durch die Windschutzscheibe blickt, erhebt sich vor ihnen der silbern schimmernde, riesige Leib eines Ungetüms.

»Ein Zeppelin«, sagt der Junge geistesgegenwärtig. Er hat die lang gestreckte Form von der Postkarte wiedererkannt, die Kurt ihm geschenkt hatte. Erst als sie auf der Wiese stehen, werden die ungeheuren Ausmaße des Schiffes ersichtlich. Es liegt, bereit zum Aufstieg, auf der scheinbar unendlich weiten Landefläche nicht weit von der Werfthalle mit den offenen Rolltoren entfernt. Robbes hat Mutter und Schwester vergessen, all seine Aufmerksamkeit wird von der rätselhaft flimmernden Außenhaut und dem sich darunter abzeichnenden Gerippe aufgesogen. Der Stoff ist weich und fließend und wellt sich leicht mit jeder Bö, zugleich verleiht ihm der silberne Lack eine unwirkliche Härte. Obwohl der Junge nach oben schaut, ist ihm, als versenke er sich in die Spiegelfläche einer Pfütze.

Sie eilen, Robbes auf Maries Arm, am Tower vorbei über den vertrockneten Rasen und kommen dem Ungetüm doch kaum näher. Robbes' Blick verhakt sich an der imposanten Bugspitze, wandert die Halteleinen hinunter, bis er verwundert die vielen Menschen entdeckt, die den Koloss offenbar mit der Kraft ihrer Arme am Boden halten. Auch unter der lang gestreckten Gondel mit dem Fensterband reihen sich die Menschen und stemmen das Schiff an einer Reling in die Luft. Stimmen schlagen über ihm zusammen, Freuden- und Anfeuerungsrufe. *Da seid ihr! Jetzt aber schnell!* Während sie die letzten Meter zurücklegen, sieht er eine Frau mit Hut in einem der Fenster, ein weißes Taschentuch in der Hand. Es ist seine Mutter. Sie winkt, als würden sie Abschied voneinander nehmen. Wie kann das sein? Hatten sie die Mutter nicht in der Wohnung zurückgelassen? Verwirrung breitet sich über seinen Geist, ein Nebel, mehr beruhigend als erschreckend – und als er wieder hinsieht, ist die Frau im Fenster verschwunden. Im nächsten Moment erklimmt Onkel Kurt schon die Klappleiter zur Einstiegsluke, durch die nun – von sicheren Händen zu Händen – mein Vater als dreijähriger Fratz hinaufgehoben wird, in eines der größten jemals hergestellten Luftschiffe der Welt.

Und das Schiff steigt, geräuschlos steigt es in die Höhe, ein seltsames Schweben ist das, ein sanftes, kaum merkliches Schaukeln, während die winkenden Helfer am Boden zu kleinen Punkten schrumpfen und nichts anderes zu hören ist als das leise Pfeifen des Windes und der aufgeregt fliegende Atem seiner Tante. Sie hat ihn im Salon neben sich auf die Sitzbank bei den Fenstern gestellt und hält ihn fest im Arm. Durch das Glas im Boden können sie hinuntersehen und verfolgen, wie die Erde unter ihnen entschwindet. Für einen Moment – der Moment, bevor die Propellermaschinen angelassen werden – verharren sie reglos; da entdeckt der Junge auf der Wiese tief unter sich einen Hasen, er reißt sich los und läuft über die Scheibe, als wollte er ihm folgen. Ja, mein Vater spaziert durch die Luft, ins Glück gehoben, staunend über die Schönheit dieser Welt.

So kann es nicht gewesen sein. Im Jahr 1940 war die Luftschiffverbindung Friedrichshafen – Berlin Staaken seit über zwanzig Jahren stillgelegt, 1940 stiegen überhaupt keine Deutschen Luftschiffe mehr auf. Nach Absturz der *Hindenburg* hatte Reichs- und Luftfahrtminister Hermann Göring die Passagierluftfahrt mit von Wasserstoff betriebenen Luftschiffen augenblicklich verboten, und mit Beginn des Krieges endete auch der Traum, die Luftschifffahrt mit dem unbrennbaren Helium fortzuführe. Nur die Amerikaner verfügten damals über natürliche Heliumvorkommen und verweigerten aus politischen Gründen den Verkauf nach Deutschland. Die letzten Passagierluftschiffe wurden abgewrackt, im Mai 1940 schließlich die beiden Luftschiffhallen in Frankfurt gesprengt. Vermutlich sind Kurt, Marie und Robbes also mit dem Zug von Berlin über Frankfurt nach Friedrichshafen gereist.

Bechtersweiler am Bodensee. Ein Dörfchen mit wenigen Hundert Einwohnern, sieben Kilometer nach Lindau und zum nördlichen Seeufer, siebzehn nach Friedrichshafen, wo die Luftschifffahrt Graf Zeppelins ihren Anfang nahm und die Deutsche Luftschiff Reederei noch immer ihren Stammsitz hat. Dort, in Bechtersweiler, bewohnten Kurt und Marie ein ehemaliges Bauernhaus, der Vater Maries – Opa Mohr – und ihre Schwester lebten in der Nähe. Die niedrigen Räume sparsam, aber vornehm eingerichtet, an den Wänden Fotos von Kurts Expeditionen. Ein Garten mit Schatten spendenden Obstbäumen, Hühner im Gatter hinter dem Haus. Um das Grundstück herum sanfte Hügel und Weinberge, der Blick ging hinunter bis zum See. Tante Mariechen führte ihn herum, benannte die Dinge seiner neuen Umgebung. Das ist dein Zimmer, dies dein Bett, dein Stuhl und dein Nachttopf. Der Ofen, die Vorratskammer mit Einmachgläsern. Draußen die Wiese und die Schaukel im Apfelbaum. Quitten, Pflaumen, Kirschen, Birnen. Diese Straße führt ins Nachbardorf, der Feldweg dort in den Wald. Am nächsten Morgen war Onkel Kurt nicht mehr da, abgereist an die Front, der Junge bemerkte es kaum, so schnell hatte sich der Horizont seines beschaulichen neuen Lebens um ihn geschlossen.

An diesen ersten Aufenthalt in Bechtersweiler hatte mein Vater kaum Erinnerungen, nur eine, die erste seines Lebens: Opa Mohr radelte, den Jungen hinter sich im Anhänger, ins nahe Lindau. Auf dem Rückweg begann es zu regnen. Der Junge saß geschützt unter einer Plane im Prasseln der Tropfen und lauschte auf das von Opa Mohr gesungene Lied: »Der Pflaumenbaum«.

Im Hofe steht ein Pflaumenbaum
Der ist klein, man glaubt es kaum.
Er hat ein Gitter drum
So tritt ihn keiner um.

Der Kleine kann nicht größer wern
Ja größer wer'n, das möcht er gern.

's ist keine Red davon
Er hat zu wenig Sonn.

Den Pflaumenbaum glaubt man ihm kaum
Weil er nie eine Pflaume hat
Doch er ist ein Pflaumenbaum
Man kennt es an dem Blatt.

Wie gelangte er 1941 nach Berlin zurück? Wurde er von den Eltern abgeholt, von Tante Mariechen gebracht – oder traf man sich zur Kindsübergabe in der Mitte, in Zeppelinheim bei Frankfurt? In den Erzählungen des Vaters, die sonst sprunghaft und zerfasert blieben oder von Gefühlsausbrüchen abrupt beendet wurden, ging der erste Aufenthalt am Bodensee übergangslos in den zweiten über, als ermöglichte ihm die Zuwendung der Tante ein zusammenhängendes, kontinuierliches Erzählen, mehr noch, als verlören in der Erinnerung an das geliebte *Tiemchen* sogar die allgegenwärtigen Berliner Bombenächte ihren Schrecken. Auch für seine Eltern schien es selbstverständlich, dass Robbes nach der Ausbombung drei Jahre später im Rahmen der Kinderlandverschickung wieder an den Bodensee kam. Er blieb weit über das Ende des Krieges hinaus bis in den Herbst 1945 – vermutlich war es die glücklichste Zeit seiner Kindheit.

Nun ging er jeden Morgen mit den anderen Kindern ins benachbarte Dorf zur Volksschule, in der alle acht Klassen in einem Saal unterrichtet wurden.

Er schlief im Heu.

Wie alle half auch er den Bauern beim Trocknen des gesensten Grases, schaukelte auf den Heuballen im Traktoranhänger durch die hügelige Landschaft zu den Heuschobern. Wann immer er beim Spielen, Rennen oder Fahrradfahren den Kopf hob und zufällig den Anblick des Säntis auf der Schweizer Seite erhaschte, fuhr ihm das Ziehen der Sehnsucht in den Magen.

Die meiste Zeit verbrachte er allein mit Tante Mariechen. Onkel Kurt kreuzte als Fregattenkapitän in der nördlichen Ägäis und sicherte die Grenzen des von der Wehrmacht besetzten Griechenlands. Hin und wieder rief er aus einer Stadt namens Saloníki an, später wurde er an die Eismeerfront vor Murmansk abkommandiert. In Maries Reden spielte der Krieg kaum eine Rolle. Dafür erzählte sie von Kurts Fahrten auf der *Graf Zeppelin*, als wäre sie dabei gewesen: von dem spektakulären Empfang in Tokio bei der Weltfahrt 1929 (drei Tage dauerte das Fest!), von der unbarmherzigen Kälte während der Polarfahrt 1931 und den Eingeborenen im brasilianischen Regenwald, die bei einer Landung als Begrüßungskommittee in Stiefel und schlecht sitzende Uniformen gesteckt worden waren.

Allein in der Stube, versenkte er sich in die Bordpostkarten mit Kurts Grüßen, im aufgeschlagenen Atlas fuhr seine Fingerspitze die zurückgelegten Strecken nach: Landungsfahrt nach Bonn. Grüße aus der Schweiz. Ägyptenfahrt. Die Karte von der Nordlandfahrt war in Bergen abgeworfen worden, der zweitgrößten Stadt Norwegens. Alle Karten von Kurt, dem Chef der Bordpost, unterzeichnet, in Postsäcken verstaut und in einer Höhe von zweihundertfünfzig oder dreihundert Metern persönlich aus einem Fenster der Führergondel gestoßen. Nur wenige Jahre lag das zurück, 1929, 1930, 1932, aber vor seiner Geburt und vor dem Krieg, in unwirklicher Märchenzeit.

Meine irrationale Hoffnung beim Durchsehen seiner Aufzeichnungen, dass sich jetzt, da ich über ihn schreibe, wie durch Zauberei weitere, mir bisher unbekannte Erinnerungen offenbaren, Erinnerungen an ausgelassene Nachmittagsspiele im Wald, an Besuche im Strandbad, an Abenteuer mit seinen neu gefundenen Freunden. Stattdessen drängt auch am Bodensee der Krieg immer stärker in sein Leben.

Gespenstischer Anblick: Wenn die von der Deutschen Flugabwehr getroffenen Bomber der Alliierten als kleine rauchende Gebilde vom Himmel in den Bodensee fallen.

Die panische Angst der Kinder, als Tiefflieger des im Radio sogenannten Feindes über die Bodenseedörfer hinwegdonnern: aufgeschreckt von dem Gerücht, dass besonders Fahrradfahrer beschossen würden, warfen sie ihre Räder von sich und stoben auseinander.

Schließlich, das Ende stand kurz bevor, Anweisung »von oben«: Jeder solle »sein Bündel« packen und sich »in die umgebenden Wälder zurückziehen«. Doch zu dem dramatisch angekündigten Rückzug kam es nicht mehr, denn plötzlich war der Krieg vorbei, zumindest für den Achtjährigen geräuschlos zu Ende gegangen. In den Aufzeichnungen beginnt nun der Abschnitt »Monsieur René und die französische Zeit«.

Mit der Befreiung tritt etwas Spielerisches und Leichtes in die Erinnerungen – das Staunen des Kindes, aber auch die noch immer spürbare Ungläubigkeit des Erwachsenen, dass die Franzosen nicht auf Rache an den Deutschen aus waren. Die über Jahre von der NS-Propaganda dämonisierten Feinde erwiesen sich – im Gegenteil – als freundliche Zeitgenossen. Allein die erste Begegnung: Französische Soldaten zogen lachend durch den Ort, einer von ihnen hielt ein gackerndes Huhn im Arm. Besonders beeindruckte den Jungen Monsieur René, der französische Offizier, der bei Tante Mariechen einquartiert wurde. »Ab Unteroffizier (Sergeant) aufwärts«, schreibt er, »wurden die Franzosen privat, das heißt, durch Einquartierung untergebracht. Und wir bekamen Monsieur René. Wir hatten Glück mit ihm. Ein junger Algerien-Franzose (er stammte aus Oran), der ausgesprochen freundlich war … Tante Mariechen als Frau eines deutschen Offiziers wurde von ihm mit Höflichkeit und Respekt behandelt.« In seinen Aufzeichnungen umweht Monsieur René geradezu etwas Ritterliches. Wenn sie am Abend zu dritt Rommé spielten und kein Zucker für den Tee im Haus war, empfahl er sich mit einer Verbeugung und erschien kurz darauf mit einer Handvoll Zuckertütchen. In der Erinnerung meines Vaters war die Loyalität dieses Offiziers zu ihnen sogar größer als die zu den Verordnungen seiner Armee. Da es für Tante Mariechen in den Nachkriegsmonaten unmöglich war, ohne Passierschein nach Friedrichshafen zu gelangen (es lag im amerikanisch besetzten Bayern), steckte Monsieur René sie in eine Uniformjacke, setzte ihr die eigene Mütze auf und passierte auf diese Weise im Jeep unbehelligt die Kontrollposten.

Langsam gingen dem Kind die Augen auf. An den Friedhofsgräbern entdeckte er nun die Grabsteine jung Gefallener – manche Familien hatten drei Söhne verloren. Als die fremdländisch aussehenden Arbeiter auf den Höfen der Bauern eines Tages auf einem Traktoranhänger nach Lindau gefahren wurden, begriff er, dass es sich bei ihnen um Zwangsarbeiter handelte, die während des Krieges für einen Hungerlohn, wenn überhaupt, Frondienste hatten verrichten müssen.

Die Befragung der örtlichen NSDAP-Parteimitglieder vollzog sich in seiner Erinnerung in undramatischer Langsamkeit, als würden die französischen Sieger nur widerwillig einer geforderten Pflicht nachkommen. Ein Jeep fuhr vor ein Haus, zwei Männer wurden abgeführt, vernommen und wieder freigesetzt. Dass der Jeep auch bei ihnen hätte vorfahren müssen, wenn sich Onkel Kurt nicht in britischer Kriegsgefangenschaft befunden hätte, erwähnt er nicht. Vermutlich hat mein Vater nie erfahren, dass sein bewunderter Großonkel in der Partei gewesen ist, und wahrscheinlich hat er Kurt auch nie zu diesen Dingen befragt. Vermutlich wollte er sich sein Bild erhalten, scheute vor der möglichen Entthronung seiner geliebten Zieheltern zurück. Sie hatten ihm ein »zweites Zuhause« gegeben, als die eigenen Eltern in Berlin nicht sonderlich viel mit ihm anzufangen wussten. Seine lebenslange Dankbarkeit übertrug sich auf mich (wenigstens haben Kurt und Marie den Jungen geliebt, dachte ich), und so war ich auch für ihn erleichtert, als mir die für NSDAP-Mitgliedschaften zuständige Stelle des Bundesarchivs mitteilte, dass zu einem Kurt Schönherr keine Unterlagen vorlägen. Aus irgendeinem Grund überraschte es mich aber nicht – mein Argwohn gegen *alle* entlastenden Geschichten über diese Zeit? –, als ich später einen USB-Stick mit den Scans seiner Wehrmachtsakte erhielt und aus einem selbst verfassten Lebenslauf von seiner Parteimitgliedschaft erfuhr. Kurt war nach dem Ermächtigungsgesetz im April 1933 eingetreten, als die NSDAP innerhalb weniger Wochen hunderttausend Neuanmeldungen verzeichnet und einen Aufnahmestopp verhängt hatte, um den Zulauf von Opportunisten zu unterbinden. Ob er der Partei aus Überzeugung oder aus Karrieregründen beitrat, bleibt deshalb unklar.

Für den Jungen war Kurt eines Tages einfach wieder da. »Ist denn hier niemand zu Hause?«, rief er und stapfte schon im nächsten Moment pfeifend und singend durchs Haus, als wenn er nie weg gewesen wäre. Über das, was er in Frankreich, Griechenland oder in Norwegen erlebt oder getan hatte, erzählte er nichts, nicht in Anwesenheit des Jungen. Für meinen Vater blieb Kurt die Mischung aus entrückter Legende und liebevollem Onkel, der den Krieg scheinbar genauso unberührt hinter sich ließ wie zuvor die Abenteuer als Luftschiffer.

Eines Nachmittags nahm Tante Mariechen den Jungen zur Seite.

»Hör mal, Robbes. Was würdest du sagen, wenn deine Mutter bald käme, um dich nach Berlin zu holen?«

»Ich will hier bei euch bleiben!«, sagte er entschieden. »Ich möchte nicht zurück!«

»Das darfst du doch nicht sagen!«, rief Marie erschrocken. »Du gehörst doch zu deiner Familie nach Berlin.«

Tatsächlich, mit Passierscheinen aus Berlin ausgestattet, hatte sich seine Mutter quer durchs zerstörte Land geschlagen und stand eines Abends – wie eine Erscheinung – in der niedrigen Tür des Bauernhauses.

»Berlin ist nicht wiederzuerkennen«, sagte sie, als sie später gemeinsam in der Stube saßen. »Alles kaputt.« Auch ihr Mann sei in den letzten Kriegswochen noch zum Volkssturm eingezogen worden, erzählte sie, hatte sich aber mit einem Faustschlag gegen seinen Vorgesetzten von seinem Zug entfernt und bis Kriegsende im Lager eines befreundeten Bäckers versteckt. »Die Russen«, sagte sie und schüttelte den Kopf, bevor sie sich über die Torturen der Reise auslieβ und von einem hilfsbereiten Ehepaar erzählte, das sie bei sich aufgenommen habe, als sie durchs dunkle Sonnenberg geirrt sei. Es sprudelte aus ihr heraus, während Tante Mariechen ihr eine weitere Scheibe Brot abschnitt (Eier gab es keine, das letzte Huhn hatte kürzlich der Bürgermeister für einen französischen Offizier requiriert), dabei aus den Augenwinkeln den Jungen beobachtend und hoffend, er zeige die angemessene Freude über die zurückgewonnene Mutter. Robbes schwieg. Staunend betrachtete er die sprechende Frau. Die geplatzten Äderchen auf ihren hellen, fast weißen Wangen erkannte er wieder, doch hatte er seine Mutter nie so lebendig erlebt, als sei während der Reise alles Starre und Kalte von ihr abgefallen. War diese Frau, die allein seinetwegen all die Strapazen auf sich genommen hatte, etwa seine *echte* Mutter?

Während ich mich auf seine Aufzeichnungen zu den Jahren 1944 und 1945 als Quelle stütze, versuche ich ihrer Sprödigkeit gerecht zu werden. Die Aufzeichnungen fordern mich auf zu erzählen und weisen mich zugleich in die Schranken des Chronisten, als erlaubte diese Art des Schreibens nur ein beschränktes Maß an fiktionaler Freiheit. Doch an dieser Stelle möchte ich mich losreißen von den Fakten und meine Großmutter aus den Fängen meines eigenen Urteils als *Mutter lieblos* befreien. Hat nicht auch sie ein Recht auf Undurchschaubarkeit? Die Mutter holt den Sohn nach Hause zurück! In meiner Versöhnungsfantasie – ich kann die Wendung nicht verhindern – zeigt die spätere Enterbungs-Mutter hier ihr freundliches und fürsorgliches Gesicht. Anderthalb Jahre hatten sie einander nicht gesehen. Nun brachen sie gemeinsam auf nach Berlin, sieben Gepäckstücke im Schlepptau. Ergab sich dabei nicht eine neue Nähe zwischen Mutter und Sohn, eine Verschworenheit, wenigstens für diese sieben Tage? Denn so lange dauerte die Reise, zu Fuß, in Bussen, Zügen und langen Stunden auf den Ladeflächen von Lkws. *Komm, mein Sohn, komm, Robbes, mein Kind, gib mir deine Hand.* Vielleicht hat sie ein freundlicher Traktorfahrer mitgenommen. Vielleicht haben sie gegen die Langeweile Lieder gesungen. Vielleicht schliefen sie, der Sohn im Arm der Mutter, in einem Heuschober und wurden bei Morgengrauen vom Schrei eines Hahns geweckt.

Von einer Annäherung zwischen Mutter und Sohn ist in den Aufzeichnungen nicht die Rede, überhaupt spielen die Emotionen des Jungen keine Rolle. Nur ein Gefühl liegt wie ein Albdruck über der gemeinsamen Reise, die Sorge der Mutter, von *den Russen* bestohlen zu werden. Sie scheint panische Angst davor gehabt zu haben, nach dem Verlust durch die Ausbombung nun durch die Russen erneut ihr gesamtes Hab und Gut zu verlieren – auch wenn es nur aus Rucksäcken, Koffern und Taschen bestand. Wem sie auch begegnete, nervös lenkte sie das Gespräch auf *die Russen* und wurde in ihrer Angst stets bestärkt.

Durch Bayern kämen sie ohne Probleme, erzählte ihnen ein Mann an einer Haltestelle. Schwierig sei es, unbeschadet über den Grenzübergang nach Thüringen, also in die sowjetisch besetzte Zone zu gelangen.

Je weiter die beiden sich der Zonengrenze näherten, desto größer ihre Sorge, und nachdem sie hinter Neustadt lange vergeblich auf eine Mitfahrgelegenheit gewartet hatten, beschloss die Mutter, in den Ort zurückzukehren und die Dienste eines Schleusers in Anspruch zu nehmen.

Nach Einbruch der Dunkelheit zogen sie los, der Schleuser, ein älteres Ehepaar und Johanna mit ihrem Sohn. Der Weg führte aus dem Städtchen hinaus durch kahle Felder in einen Wald, in dem irgendwo die grüne Grenze verlief. Wegen des schweren Gepäcks kamen sie nur langsam vorwärts, bei jedem Knacken im Unterholz hielten sie inne. Plötzlich ein Ruf: *Stoi!* Mit vorgehaltenen Maschinengewehren traten zwei russische Soldaten aus dem Dickicht, trieben sie zusammen und in einem langen, stummen Marsch bis zur Grenzstation. Den Schleuser sperrte man in eine Zelle, Mutter und Sohn verbrachten die Nacht in einem feuchten Kellerraum. Erst im Morgengrauen kam der Mutter die rettende Idee.

»Robert, huste doch mal«, flüsterte sie, als der wachhabende Soldat vorbeischaute, und als mein Vater sein trockenes, blechernes Bellen ausstieß, sagte sie: »Der Junge ist krank, in der Feuchtigkeit holt er sich den Tod. Wir müssen sofort an die frische Luft.«

Sie wurden auf den Hof der Kommandantur geführt, warteten stundenlang in der Kälte, bis ein Soldat erschien und Johanna befahl, ihm zu folgen. Als meine Großmutter den voll belegten Schlafsaal erblickte, in den sie geführt werden sollte, blieb sie abrupt stehen. Sechs oder acht Soldaten lagen in voller Montur rauchend in Etagenbetten.

»Du rein.«

»Nein! Bitte nicht!«, flehte sie.

»Rein!«, sagte der Soldat.

Sie rührte sich nicht. Er begann, auf Russisch zu fluchen, verschwand und kam mit Eimer, Schrubber und Scheuerlappen zurück.

»Du rein! Putzen!«

Nun folgte sie der Anweisung.

Mein Vater, der gemeinsam mit ihr den Schlafsaal betrat, schreibt, dass die dösenden Soldaten »sich weder durch die Reinigungsarbeiten stören« ließen noch durch das Schimpfen seiner Mutter »auf Adolf Hitler, dem sie das alles zu verdanken hätten«.

Am Vormittag kam es zum Verhör mit einem Offizier. Er konnte nicht glauben, dass die Mutter mit ihrem Sohn trotz gültigen Passierscheins die Grenze hatte illegal übertreten wollen.

»Du gute Papiere«, sagte er mehrere Male. Er hob einen Rucksack an; als er ihn auf den Boden zurücksacken ließ, erklang ein hartes Geräusch.

»Was ist das?«, fragte er misstrauisch. »Pistole?«

»Die Stiefel des Jungen.«

»Wirklich Stiefel? Keine Pistole?«

»Sie können gern nachschauen.«

Forschend blickte er sie an, dann winkte er verärgert ab und ließ sie gehen. In Wirklichkeit rührte das Geräusch von einem Glas Honig, das Tante Mariechen ihnen mitgegeben hatte und das sie unbedingt nach Berlin retten wollte. Kaum hatten sie die Grenzstation verlassen, stürzten Einheimische, Thüringer, auf sie zu und boten an, sie und das Gepäck für einen geringen Obolus zur nächsten Haltestelle zu bringen.

Einen Zug bestiegen sie erst, als sie Tage später Leipzig erreichten. Der Hauptbahnhof war durch Bombentreffer stark zerstört, das Stromnetz zusammengebrochen, mit Trümmerzügen wurden noch immer die Reste der Zerstörung abtransportiert – immerhin war ein Notbetrieb möglich.

In Berlin hatte sich die Mutter Fleischmarken als Schmiermittel organisiert, mit denen sie auch den Schleuser bezahlt hatte. Nun steckte sie einem Bediensteten der Reichsbahn ihre letzte Marke zu, worauf der sie und einige andere den Zug schon vor der Einfahrt in den überfüllten Bahnsteig besteigen ließ und ihnen damit Sitzplätze sicherte. Kurz darauf strömten vor allem russische Soldaten in die Abteile; die Deutschen mussten die Plätze räumen, nur die Mutter mit dem Jungen durfte sitzen bleiben.

Als spürte der russische Offizier ihr tiefes Ressentiment und als wollte er ihr Vorurteil durch besondere Zuvorkommenheit auflösen, teilte er später sogar Brot und Wurst mit ihr und dem Kind. Während am späten Abend der Schein von Taschenlampen über die Gepäcknetze im dunklen Abteil huschten, erklärte er mit Schutz versprechender Vertraulichkeit, das seien nur polnische Diebe, sie brauche keine Angst zu haben, hier mit ihnen hätten sie nichts zu befürchten.

Für die hundertachtzig Kilometer von Leipzig nach Berlin benötigte der Zug die ganze Nacht. Immer wieder hielt er auf offener Strecke, von draußen waren Stimmen und Schritte im Gleisbett zu hören, doch als der Morgen anbrach, befanden sich alle Gepäckstücke noch an ihrem Platz. Ungläubig klebte mein Vater am Fenster, während der Zug durch die Trümmerlandschaften Berlins rollte und schließlich den Anhalter Bahnhof erreichte. Der Offizier und seine Burschen halfen, das Gepäck zu tragen, zur Verabschiedung sagte er galant, es sei ihm eine Ehre gewesen.

Ihren Hass auf die Russen ließ sich meine Großmutter jedoch auch durch diesen freundlichen Offizier nicht nehmen. Jahrzehnte später begann sie, als sie uns mal besuchte, kaum hatte sie am Frankfurter Hauptbahnhof im Auto Platz genommen, über *den Russen* zu fluchen, vermutlich weil sie die Aeroflot-Reklame am Haus gegenüber erblickt hatte.

Berlin, Anhalter Bahnhof. Während der *Schlacht um Berlin* nur wenige Monate zuvor hatten noch Tausende Menschen Schutz hinter den Bahnhofsmauern gesucht, jetzt wollten die Ankommenden so schnell wie möglich raus aus der Ruine. »Von früher erinnere ich mich an die großen breiten Freitreppen innerhalb des Gebäudes. Nun standen wir vor der beschädigten Fassade auf dem Vorplatz«. Es gab weder Omnibusse noch Straßenbahnen, dafür Männer mit Leiterwagen, die den Zurückgekehrten anboten, das Gepäck zu transportieren. Sie ließen Koffer, Rucksäcke und Taschen schieben, gingen selbst zu Fuß die elf Kilometer von Kreuzberg nach Wilhelmsruh am nördlichen Rand der Stadt. Jedes zweite Haus war beschädigt oder zerstört, in der Menschenleere des frühen Morgens erschienen die Schutt- und Trümmerberge noch gespenstischer. Was erzählte die Mutter ihrem Sohn auf dieser abschließenden gemeinsamen Etappe? Wurde sie redselig, sprach von den letzten Tagen des Krieges, als Jungen, kaum älter als seine Schwester, in Uniformen gesteckt und hinter Sandsäcken an Panzersperren kauernd auf die heranrückenden Russen warteten? Oder trotteten sie wortkarg vor Müdigkeit und Erschöpfung stundenlang durch den endlos erscheinenden Wedding nebeneinander her?

Sie erreichten die Wohnung in der Lessingstraße am frühen Vormittag; sogleich entbrannte Streit zwischen seinen Eltern. Der Vater hatte sich in Abwesenheit seiner Frau im Bügeln probiert und ein Loch in der Größe des Eisens in ein Laken gebrannt. Die Mutter war außer sich. Berlin hatte Robbes wieder.

In den folgenden Jahren verbrachte mein Vater regelmäßig die Schulferien bei Tante Mariechen und Onkel Kurt in seiner *zweiten Heimat am Bodensee*, noch später begann er als junger Mann selbst in die Länder zu reisen, die der Großonkel im Zeppelin überfahren hatte: Schweden, Ägypten. Pakistan. USA. Noch später, ein Familienvater inzwischen, kaufte er ein Haus in der Luftschiffersiedlung Zeppelinheim, wo Kurt und Marie in den Dreißigerjahren gelebt hatten, als wollte er sich ins Fahrwasser des immer gut gelaunten Großonkels begeben. Doch bis auf einige sporadisch geführte Reisetagebücher hat er nichts über diese Zeit geschrieben. Seine Erinnerungen enden mit der Rückkehr nach Berlin im Herbst 1945.

Die Blätter der Linde vor den Fenstern zittern in der Brise. Ich liege auf dem Sofa und lausche auf die Kinderstimmen vom Spielplatz, auf ihr Freudengeheul, ihre empörten Rufe, auf das Weinen eines untröstlichen Mädchens. Die Wohnung ist leer, das ganze Haus vom Souterrain übers Hochparterre bis zu unserer Wohnung im dritten Stock erscheint mir menschenleer und ausgestorben.

Zwei Tage nach seinem Tod erhielt ich einen Anruf der Frankfurter Kriminalpolizei.

»Wir ermitteln zum Tod Ihres Vaters«, sagte ein Mann mit hessischer Weichheit in der Stimme. »Die Universitätsklinik hat auf dem Totenschein ›nicht natürliche Todesursache‹ angegeben und Anzeige gegen sich selbst erstattet.«

»Ich verstehe nicht.«

»Der Staatsanwalt entscheidet nun, ob eine Obduktion durchgeführt wird. Ich nehme an, das Krankenhaus wählt diesen Weg, um einen Behandlungsfehler auszuschließen – bevor die Klinik möglicherweise von anderer Seite angezeigt wird.«

»Von uns, meinen Sie? Von den Hinterbliebenen?«

»Zum Beispiel.«

Einige Tage später wurde der Leichnam meines Vaters vom Kühlraum der Uniklinik in die Gerichtsmedizin überführt, dort hat man – wie es im späteren Bericht heißt – die »gerichtliche Leichenöffnung« durchgeführt. Ein 1. und ein 2. Obduzent haben im Beisein des Sektionsassistenten den Körper meines Vaters erst äußerlich (»Der Kopf ist bewachsen mit bis zu 8,5 cm langen ergrauten Haaren«), dann innerlich »besichtigt« (»Das birnenförmige Schädeldach misst 18/15 Zentimeter, die Knochendicke zwischen 0,4 und 0,5 cm«). Seine Organe wurden entnommen, untersucht, gemessen und gewogen. Das Gehirn meines Vaters wog 1487, sein Herz 295 Gramm. Dabei konnten die Obduzenten zwar den Hirntumor und die Auswirkungen der Stammhirnblutung in allen Details beschreiben, fanden aber keine Anzeichen für einen ärztlichen Fehler. Ausschließen wollten sie ihn aber auch nicht. »Ob die diagnostizierte Hirnstamm-

blutung durch die behandelten Ärzte bereits vor der Hirnge-
websentnahme zur feingeweblichen Untersuchung hätte erkannt
werden müssen, wäre nur anhand der radiologischen Untersu-
chungsdaten zu beurteilen. Ein solche Beurteilung sollte einem
fachärztlichen neuro-radiologischen Kollegen unter Einsicht
der Krankenunterlagen vorbehalten bleiben.« Für mögliche weitere Untersuchungen wurde das Gehirn »in Gänze asserviert«.
Daraufhin wurde der Leichnam zur »Erd- oder Feuerbestattung«
freigegeben und vom Bestatter für die Trauerfeier vorbereitet.
Danach überführte er den Leichnam meines Vaters zum Krema-
torium, wo er, angetan mit einem Totenhemd aus Baumwolle,
in einem Kiefernsarg in einem Einäscherungsofen verbrannte.
Übrig gebliebene Knochenfragmente wurden mithilfe einer Kno-
chenmühle zu Staub zermahlen, der wiederum zusammen mit
der Asche in eine Aschekapsel gefüllt, verschlossen und dem Bestatter übergeben wurde. Wir standen auf dem unwirklich schönen Frankfurter Südfriedhof unter den Ästen einer Birke und
sahen dabei zu, wie in einer zweiten Zeremonie die Urne mit
der in ihr verborgenen Aschekapsel ins Grab gelassen wurde.

Und wo bist du jetzt?

Traum: Ich lief auf dem Bürgersteig im tiefsten Kreuzberg die
Ohlauer Straße zum Paul-Lincke-Ufer hinunter, als ich hinter einem der Erdgeschossfenster meinen Vater sah. »Ist das
Papa?«, dachte ich im Traum, ging aber weiter. Sicher hatte ich
mich geirrt. Was suchte mein Vater in einer Kreuzberger Erd-
geschosswohnung? Dann hörte ich jemanden meinen Namen
rufen und wandte mich um. Mein Vater stand in einem beigen

Ledertrenchcoat auf dem Bürgersteig und winkte. Erfreut rief er meinen Namen und kam auf mich zugelaufen. Mein Herz begann wie verrückt zu schlagen. Tatsächlich, da kam mein Vater. Er war nicht jung, aber auch nicht im Alter seines Todes, vielleicht fünfundsechzig. Was mir besonders auffiel: die ungetrübte, die jugendliche Freude, mit der er mir entgegenlief. Langsam ging ich auf ihn zu. Mein Zögern hatte vor allem einen Grund: Ich wusste im Traum genau, dass er nicht mehr lebte, dass er gestorben war und mir als Toter entgegenkam. Was würde geschehen, wenn der Lebende auf den Toten traf? Würden wir uns um den Hals fallen? Würden wir einander erzählen, wie es uns in der Zwischenzeit ergangen war? Oder würden wir das Unerhörte der Begegnung überspielen, wie zwei ehemals eng Vertraute, die sich nach langer Zeit zufällig wiedergetroffen haben? Ich verfolgte den Vorgang mit neutralem, geradezu wissenschaftlichem Interesse. Und wirklich: Als wir etwa ein Dutzend Schritte voneinander entfernt waren, blieb er stehen. Sein Gesicht, das ich im Laufen ohnehin nur verschwommen hatte wahrnehmen können, verpuffte, nein, es verschwand wie hinter einer Milchglasscheibe. Hab ich's doch gewusst!, dachte ich. Es wird keine Begegnung geben. Enttäuscht, aber auch beruhigt wachte ich auf.

Ich konnte nicht aufhören, die nüchtern beschreibenden, nie ihre Brutalität einbüßenden Sätze des Obduktionsberichts zu lesen. Um endlich und ein für alle Mal zu begreifen, dass mein Vater, dass die *Vatermaterie* tatsächlich nicht mehr existierte? Oder um staunend zu beobachten, wie er als Erinnerungsvater jedes Mal umso präsenter zurückzukommen schien?

Ich streife durch die menschenleeren Räume wie durch unbekanntes Gelände, werfe einen Blick in das Arbeitszimmer meiner Frau und bleibe in der Tür zum Zimmer unserer Tochter stehen. Die Dartscheibe, einige Poster an der Wand. Über dem kleinen Sofa hängt das Bild von dem Felsen auf der Kykladeninsel, das sie in einem Copyshop vergrößern und auf einen Holzrahmen hat aufziehen lassen. In einer ihrer Schubladen liegen die Dutzenden Ansichtskarten, die ihr mein Vater von seinen Reisen geschickt hat. *Der Locher* steht am Rand des Schreibtischs unterm Fenster. Ich kann mich nicht erinnern, wann und zu welchem Anlass sie ihn zu sich geholt hat, doch nun steht er dort wie ein selbstverständlicher Bestandteil ihres Hausaufgaben-Inventars: Radiergummi, Bleistifte, Geodreieck, Hefter – und der Locher.

Berlin Wilhelmsruh. 1946. Er ist zehn. Am Küchentisch der elterlichen Wohnung paust er aus einem Weltatlas Gegenden und Landstriche ab, während die Jahreszeiten kommen und gehen. Er zeichnet die Grenzen Brandenburgs mit einem roten Buntstift, fügt schwarz die Flüsse Oder, Havel, Dosse, Spree und Elbe ein. Der Fläming und die Niederlausitz sind, wegen ihrer Erhebungen, grün eingefasst, alles andere ist türkis. Eine kindliche, wenn auch akkurate Schrift mit altertümlichen Häkchen und Schnörkeln an den Buchstabenenden. Er schreibt: Prignitz, Havelland, Uckermark, Teltow, Barnim. Berlin sitzt in der Mitte, rosa schraffiert. Ähnliche Zeichnungen entstehen vom Erzgebirge in Sachsen, von Schleswig Holstein mit der Kieler Bucht, vom Hunsrück und von Nordrhein-Westfalen, von der Eifel über den Westerwald bis zum Rothaar-Gebirge, unten rechts reicht die Landschaft bis zum Taunus in Hessen. Er hört die Stimmen der streitenden Eltern kaum, genauso wenig die Musik aus dem Radio, nimmt den Seifenduft der aus dem Haus stürmenden Schwester nicht wahr, während unter seinen Händen das Flussgeäst des Amazonas entsteht: Orinoco ganz im Norden, die linken Nebenflüsse Napo, Içá, Japurá, Rio Negro und die rechten Juruá, Purus, Madeira, Tapajós. Die Städte heißen: Manaus, Macapá und Santarém. Die arabische Halbinsel erwächst aus einem gräulichen Bogen Papier. Medina, Mekka, Dschidda. Im Osten das Rote Meer, dahinter auf einem Ausschnitt mit der Aufschrift Afrika führt der Nil als gewundene Linie durch Kairo nach Alexandria ans Mittelmeer. Dann beugt er sich über die zerklüftete Küstenlandschaft Skandinaviens, und während das Jahr 1948 zu Ende geht, kann er die wunderschöne Karte von Asien vollenden, die braun schraffierten Berge Tibets in der Mitte, und schließlich die Gewässer der Vereinigten Staaten in Angriff nehmen – von der Quelle des Missouri bis zum Mündungsdelta des Mississippi. Als er endlich den Kopf hebt, ist eine Ewigkeit vergangen, und alle Möbel um ihn herum sind nicht mehr da. Wütend stürzt die Mutter, schon in Mantel und Hut, herein. »Hast du nicht gehört? Der Umzugswagen steht vor der Tür!« Ende November 1949, seit einigen Monaten existieren zwei deutsche Staaten, und Familie Schäfer übersiedelt von Wilhelmsruh im Osten in die Sieglindenstraße nach Friedenau in West-Berlin.

Nun waren die Jahre des Übergangs vorbei: unter *den Russen* lebend und jeden Tag über die grüne Grenze zum Einkaufen in den Wedding, nach Reinickendorf in die Schule oder ins Lebensmittellager, wo der Vater in den ersten Nachkriegsjahren ausgeholfen hatte. Jetzt: Friedenau! Alter Westen unter dem Schutz der Amerikaner. Wie durch ein Wunder war das Viertel südlich von Schöneberg kaum durch Bomben zerstört worden. Die vierstöckigen herrschaftlichen Häuser mit den Giebeln und putzigen Turmaufsätzen waren unversehrt geblieben und säumten die schmalen typischen Friedenauer Straßen wie vor dem Krieg. Das bürgerliche Friedenau war das soziale Gegenteil des hemdsärmeligen Arbeiterviertels Moabit, schon bei seiner Gründung im neunzehnten Jahrhundert hatte man die Grundstückskäufer verpflichtet, »keine Fabriken, hochstöckigen Wohnhäuser und Proletarierwohnungen« zu errichten. Hier eröffneten seine Eltern im sogenannten Wagnerviertel einen kleinen Lebensmittelladen. Zumindest meine Großmutter *war nun wieder wer*, wenn sie die Offizierswitwen oder die Gattinnen junger Verwaltungsangestellter vom nahen Schöneberger Rathaus über die Theke mit Käse, Wurst und Milch bediente. Passte es nicht zu diesem Aufstieg, dass der Sohn das alte Friedenauer Rheingau-Gymnasium besuchte, in dessen Aula bei Schulkonzerten der Klang einer ehrwürdigen Walcker-Orgel ertönte? Dass er mit Bürgerkindern verkehrte und – als Erster in der Familie – das Abitur anstrebte? Das war schon recht – wenn der Junge nicht so aufbrausend gewesen wäre und sein neu erworbenes Gymnasiastenwissen nicht jeden Moment ohne Hemmung hinaustrompetet hätte; wenn er nicht ständig so vorlaut gegrinst hätte und die Widerworte wie ohne sein Zutun nur so aus ihm hinausgeströmt wären. Der Junge weiß nicht, wohin er gehört, hieß es. Wohin gehörte er denn?

Mein Vater entdeckte das Theater. Jeden Samstag lauschte er im RIAS nun auf Friedrich Lufts »Stimme der Kritik«. Mehr als in die mit leichter Hand inszenierten Stücke am nahen Schloss-park-Theater zog es ihn in die Klassiker-Inszenierungen am Hebbel-, am Renaissance- und am Schillertheater, den großen Bühnen des Berliner Westens. Martin Held als Leister in Schillers *Maria Stuart*. Der junge Klaus Schwarzkopf in *Was ihr wollt* am Hebbel. Die gegen Macht und Willkür aufbegehrende *Antigone* auf der völlig leer geräumten Bühne des Schiller-Theaters. Er war ergriffen. Er liebte es, sich ergreifen zu lassen, begann nun, neben den schon immer verschlungenen Abenteuer- und Reisegeschichten auch Ernstes zu lesen und seine Leseeindrücke in Skizzen niederzuschreiben. Gerhart Hauptmanns *Bahnwärter Thiel*, Konrad Ferdinand Meyers *Der Heilige*. Besonders schätzte er Ernst Wiechert, einen Autor der sogenannten »Inneren Emigration«, der während der Nazi-Zeit nach einer zweimonatigen Haft im Konzentrationslager von Buchenwald unter der Voraussetzung hatte weiter publizieren dürfen, nur Unpolitisches zu schreiben. Wiecherts Naturbeschreibungen, seine Sehnsucht nach dem einfachen Leben, auch das Ringen mit seinem Gewissen berührten meinen Vater. »Ein wundervolles Buch, doch schwer darzustellen. Wenig bewegende Handlung, viele menschliche Schicksale, die ihre Wege gehen«, schreibt er zu Wiecherts *Die Jeromin-Kinder* über das Leben in einem masurischen Dorf.

Mit fünfzehn begann er zu trampen. Gleich am letzten Schultag das Bündel gepackt, die Stiefel geschnürt, raus nach Drei Linden und los. So wie sich die Menschen im kriegszerstörten Berlin vor allem mit dem Fahrrad bewegten, so schien die Jugend zu Beginn der Fünfzigerjahre vor allem *per Anhalter* zu reisen. Mit Klassenkameraden unternahm er eine Tour durch

Schleswig-Holstein. In Schleswig »Besichtigung des wunderbaren Domes mit einem Brüggemann-Altar von 392 Figuren. Anschließend bummelte ich durch die Fischer-Siedlung Holm mit ihren schmalen Gassen und alten, winkligen Häuschen.«

Auch allein war er unterwegs. Zu einem Mädchen in Tübingen hatte sich eine Brieffreundschaft entwickelt. Eines Tages klingelte er unangekündigt an ihrer Haustür: großes Erstaunen.

»Robert? Was machst du denn hier?

Schelmisches Lächeln, den Kopf zur Seite geneigt: »Ooch, ich wollte dich mal besuchen.«

»Allein? Aus Berlin?«

»Warum denn nicht?«

Bildete sich hier ein Künstler, ein freiheitsliebender Vagabund? Er las gern, besuchte Theater und war jede freie Minute unterwegs. Aber es drängte ihn nicht, selbst zu schreiben. Seine Interessen hatten etwas schwärmerisch Verträumtes. Er suchte das intensive Gefühl und kämpfte, gefährlich nah am Wasser gebaut, zugleich gegen die immer drohende Überwältigung. Als es nach dem Aufenthalt bei einer gastfreundlichen Familie zur Verabschiedung kam, zog er sich gerade noch rechtzeitig zurück, bevor ihm die Tränen der Dankbarkeit kamen.

Entwickelte sich die Neigung zu *den Zahlen* als Gegengewicht zu seiner Weichherzigkeit? Er führte Reisetagebuch, schilderte in knappen Beschreibungen die besuchten Orte, Begegnungen mit Fremden oder Klassenkameraden, auch Landschaftserfahrungen hielt er fest. Und er legte Listen an, zu Abfahrts- und Ankunftszeiten, ermittelte das Verhältnis zwischen Fahrt- und Wartezeit und führte die zurückgelegten Kilometer und das jeweilige Beförderungsmittel auf.

Sommerferien 1953 auf der Reise nach: Starnberg – Werdenfelser Land – Allgäu – Kleines Walsertal – Bodensee – Nordost-Schweiz – München – Bayreuth.

Per Anhalter	2400 km
Per Pkw	1850
Per Lkw	400
Per Motorrad	150
Per Bahn oder Bus	100
Per pedes	100
Gesamt	2600

Auf dieser Strecke wurde er von 95 Fahrzeugen mitgenommen, darunter vor allem Volkswagen, aber auch mehrere Borgwards, Mercedes 170 und 170s, Ford Taunus, Opel Rekord und Opel Kapitän, Fiats, Renaults und ein Chevrolet. Einer durchschnittlichen Wartezeit von 17 Minuten stand die durchschnittliche Fahrtzeit von 27 Minuten gegenüber. Auch eine Liste mit Bewertungen der Jugendherbergen wuchs über die Jahre an. Lübeck (1), Sankt Andreasberg im Harz (3 plus), Frankfurt am Main (2), Erbach (2 plus) und Heidelberg (3 plus).

Immer wieder fuhr er an den Bodensee und von dort weiter in die Schweiz, entweder nach Osten über Bregenz nach Sankt Gallen und weiter nach Chur oder über Basel nach Zürich bis nach Schwyz. »Herrliche Zugfahrt: rechts Gebirge, links Vierwaldstätter-See. Da Jugendherberge in Küsnacht belegt, bei Bauern im Gruppenzimmer.« Auf jeder Tour in den Süden besuchte selbst der Siebzehn- oder Achtzehnjährige noch die geliebte Tante Mariechen. »Mit Tante Mariechen per Bahn nach Sankt Margrethen, liefen bis Wabenhausen, fuhren per Bus nach Heiden, wo wir badeten.« Oder: »Mit Tante Mariechen per Dampfer nach Bregenz. Allein zu Fuß auf den Pfänder (T.ch. mit Bahn).«

Aus den Reisebucheintragungen spricht Begeisterung, Neugier, aber auch eine selbstgewisse Ruhe, die seinen Sätzen Klarheit, Fluss und das rechte Maß verleihen. Das erleichtert und schmerzt umso mehr, da der Mensch, den ich als Vater kennenlernte, dieses Maß verloren zu haben schien. Unruhe, Dünnhäutigkeit und ein nie nachlassender Rechtfertigungsdruck ließen seine geschriebenen Sätze ins Uferlose sprudeln oder führten, unterbrochen von Einschränkungen und akribischen Klarstellungen, zu komplizierten Konstruktionen, denen der Wunsch nach Übergenauigkeit jeden Fluss genommen hatte. Doch in den Listen erkenne ich ihn wieder. Über sie ergibt sich eine Verbindung von dem jugendlichen Tramper über den Familienvater, der beim Wandern die Strecken festhält, zum Wunsch des Großvaters nach einer *Terminliste*, bevor er nach Berlin anreist – und darüber hinaus bis zu den ausgerissenen Zetteln, die ich nach seinem Tod zu entziffern suchte. In den Listen spiegelt sich und überdauert etwas vom Vater (und vielleicht von seiner Zeit): Reiserausch und Pedanterie. Das große herrliche Gefühl und seine korrekte Einordnung. Sind die Listen aber nicht auch magische Wunderlampen, die mit jedem Lesen neue Seiten einer wundersamen inneren Welt offenbaren? *Borgward, Pfänder, Werdenfelser Land* ...

Im Frühjahr 1955 legte er das Abitur ab. Seine Noten waren durchschnittlich. Die Wahl des Zahlenfachs Betriebswissenschaft eher naheliegend als eine Herzenssache. Die ersten Semester absolvierte er an der Berliner Technischen Universität, wohnte weiterhin in der elterlichen Wohnung. Über das Austauschprogramm *Berlin-Bundesrepublik* wechselte er nach Hamburg und blieb an der Alster, weil es ihm dort so gut gefiel. Seine Eltern, zu denen das Verhältnis nur als kühl bezeichnet werden kann, unterstützten ihn mit einem Betrag, der gerade für die Miete reichte. Er liebte seine Bleibe direkt hinter dem legendären Hotel Atlantik, das Zimmer winzig, vier Quadratmeter klein, doch seine Lage unschlagbar: zu Fuß war er in wenigen Minuten am Deutschen Schauspielhaus, in der Kunsthalle und in den Kneipen und Restaurants, in denen er für seinen Lebensunterhalt zu arbeiten begann. Er muss viel gearbeitet haben, vor allem am Wochenende. Aus der Brieffreundin des Fünfzehnjährigen war inzwischen eine platonische Vertraute geworden. In einem Brief zeigt sie sich irritiert über seine Arbeitswut, man müsse am Wochenende doch auch mal zur Ruhe kommen. Zaghaft deutet sie an, dass seine Weigerung (oder Schwierigkeit) innezuhalten sie wundere. Er verteidigt seine Haltung – die viele Arbeit ermögliche es ihm, *Wünsche zu erfüllen.*

Als Berliner Schüler war sein Blick gen Süden gerichtet gewesen, jetzt, in Hamburg, sehnte er sich in den Norden, plante eine lange Sommerreise durch Skandinavien, seine eigene große *Nordlandfahrt.* Am ersten August 1958 bricht er auf. Der Nachtzug verlässt um halb zwölf den Hamburger Hauptbahnhof gen Kopenhagen, er macht kaum ein Auge zu, da er mehrere Male umsteigen muss. In einer Jugendherberge in Kopenhagen holt er den Schlaf nach, schlendert danach durch die Stadt und kehrt ein. »Emma kennengelernt am Tisch, für 19 Uhr verabredet – kam nicht.« Am nächsten Morgen geht es nach Helsingör, mit der Fähre setzt er von dort auf das gegenüberliegende Helsingborg nach Schweden über. An der Grenze keine Passkontrolle, dennoch wäre er fast aufgehalten worden, weil Reisende »ohne Arbeitserlaubnis nicht rein sollen«. Kaum in Stockholm, sucht er das Polizeipräsidium auf, um eine Arbeitserlaubnis zu beantragen. Das Geld ist so knapp, dass er auch während der Reise arbeiten muss. »In Stockholm spaziert, hat mir großartig gefallen. 3,5 Stunden in der Drottninggatan gesessen und geschlemmt.« Am nächsten Tag nimmt er das erforderliche Papier in Empfang und begibt sich auf Arbeitssuche. Schon am selben Nachmittag beginnt er in einem Hotel – »ab 17.30 Uhr gearbeitet«. Er »macht alles, was anliegt, außer verkaufen und kochen ... Drei Hausfrauen, eine Berlinerin, sehr nett mit den Leuten, sehr gutes Auskommen ...«.

In der Jugendherberge lernt er Reisende aus England und Italien kennen. An den Abenden besucht er Lokale, tanzt »mit sehr gut aussehenden Schwedinnen«. Überhaupt: Die Aufgeschlossenheit der skandinavischen Mädchen beeindruckt ihn. »Was ich aus Deutschland für dolle Sachen gehört habe, hat sich bestätigt ...« Miteinander zu flirten scheint nicht Ausnahme, sondern selbstverständliche Umgangsform. »Die Erziehung, die Anschauungen sind über diese Dinge völlig anders. Alles viel freier und offener.«

Am Hafen der Altstadt spricht er ein Mädchen an, eine junge Frau, die gerade ihr Gepäck von Bord einer Fähre schleppt.

»Excuse me. Can I help you.« Sie heißt Maijlis. Er trägt Maijlis' Koffer bis zur Bushaltestelle. Sie verabreden sich für den nächsten Abend, spazieren durch das erleuchtete Stockholm. Sie gefällt ihm »furchtbar gut«. Gemeinsam fahren sie am Wochenende nach Saltsjöbaden an den Strand. »Vor den Schären Stockholms felsige, waldreiche Küste, wie meistens hier ...« Beim Baden vergisst er die Zeit. »Erster richtiger Sonnenbrand meines Lebens.« Auch die Abende und die Nächte verbringt er nun bei ihr. Sie hat für ihn die richtige Mischung aus »Charakter, Herz, Humor, Zärtlichkeit«. Doch als sie ihm sagt, dass alle Jungen, mit denen sie bisher zusammen gewesen ist, sie im Falle einer Schwangerschaft geheiratet hätten, schreckt er zurück.

Nach wenigen Wochen, er spricht inzwischen leidlich Schwedisch, zieht es ihn fort aus Stockholm, weg aus Schweden und weiter nach Finnland. Er besteigt die Nachtfähre nach Turku, fährt nach Tampere und findet sich nur wenige Stunden nach seiner Ankunft auf Vermittlung des Arbeitsamtes in einer Bauernfamilie wieder, fünf Kinder im Alter zwischen zehn und dreiundzwanzig. Es gibt reichlich zu Essen, die Arbeit ist nicht der Rede wert – Kartoffeln ernten, Steine aufsammeln, Kleinigkeiten mit Pferd und Wagen. Er unternimmt Wanderungen durch die Hügel der Umgebung mit weitem Blick auf Wasser, Wald und Inseln. Mit der Familie besucht er die Sauna oder fährt am Abend mit der Tochter des Hauses nach Tampere ins Kino. Am letzten Abend: Tanz mit Heikki, Tula, Jopi, Kiikka, Seppo, Anja und Jasko.

Am liebsten würde er nach Lappland, das Polarlicht sehen, doch obwohl er arbeitet, reicht das Geld nicht für die teure Zugfahrt. Er reist weiter nach Helsinki, Bekannte nehmen ihn dort auf, reichen ihn tags darauf an Freunde weiter. Auch wenn er in diesen Wochen nur wenig trampt (das erweist sich als schwieriger als gedacht) – führt er *das Leben eines Trampers:* begierig auf jede Begegnung, offen für den Zufall. Die Notwendigkeit, arbeiten zu müssen, hat sich längst als Türöffner erwiesen. Sein Adressheft ist mit Namen und Telefonnummern gefüllt, überall heißt ihn der »Freund eines Freundes« willkommen.

»Willkommen in Helsinki!«

»Willkommen in Tampere!«

»Willkommen in Kangasala!«

Soll er weiter nach Norwegen, nach Oslo, vielleicht sogar nach Bergen, das Onkel Kurt im Luftschiff vor Jahrzehnten überfahren hat und dessen Postkartengruß noch immer seine Sammlung ziert? Etwas lässt ihn zögern, diese Art des Reisens fortzusetzen, von einer Jugendherberge in die nächste. Die immer gleichen Fragen: Wo kommst du her? Was studierst du? Willst du mit zum Tanzen gehen? Seine Gier auf das Immerneue hat sich verbraucht. Stattdessen kehrt er nach Schweden zurück.

»Heute früh wieder in Stockholm angekommen, genau heute vor zwei Monaten war ich das erste Mal in Stockholm angekommen. Ich kehre sehr gern nach Stockholm zurück.«

Vielleicht beginnt die Reise nun ein zweites Mal, als Rückkehr in eine fremd-vertraute Stadt? Er kennt die Touristenlokale, die Parks und den Hafen am Ufer der Altstadt, verbindet Erinnerungen mit den Restaurant- und Hotelküchen, mit der felsigen Küste vor den Toren der Stadt, mit der kleinen Wohnung von Maijlis. »Weiß noch nicht, ob ich hierbleibe ...«

Sie verbringen Tage und Nächte zusammen, doch es zieht ihn nach Hamburg zurück, zum geregelten Leben und seinem winzigen Zimmer hinterm Hotel Atlantik. Mitte Oktober, nach zehn Wochen im Norden, sitzt er im Zug nach Kopenhagen. »Jetzt etwas wehmütig.«

Betriebswirt. Diplom-Kaufmann. Nach Abschluss des Studiums 1961 nimmt er eine erste Stelle als Revisionsassistent bei einer Wirtschaftsprüfungsgesellschaft an, beginnt einige Jahre darauf als Revisor bei dem Unternehmen, in dem er über fünfundzwanzig Jahre bleiben würde, bei der späteren Coop AG. Mit Ende zwanzig bewohnt er inzwischen ein Apartment in Hamburg Othmarschen und ist stolzer Fahrer eines VW 1600 Variant. Ein Auto braucht er, denn auch beruflich ist er viel unterwegs. Von der Zentrale in Hamburg wird er in die Filialen nach Süddeutschland geschickt, um Zahlen zu prüfen, Einsparpotenziale zu definieren – oder die Chancen und Risiken für Übernahmen einzuschätzen. Einige Monate verbringt er dabei in Augsburg, was ihm die Gelegenheit gibt, an den Wochenenden in den Oberstdorfer Bergen zu wandern, in Hütten einzukehren, Fellhorn, Nebelhorn und den Schattenberg zu besteigen.

Im Studium haben sich Freundschaften gebildet, seine Freunde sind wie er: ehrgeizige junge Männer, bodenständig, arbeitsam, ihr Weg führt wie selbstverständlich und mit dem Rückenwind des Wirtschaftsaufschwungs: nach oben. Politisch orientiert er sich in der Mitte. Wächst die Wirtschaft, geht es allen gut. FDP ist seine Partei, von ihrem sozialliberalen Flügel sieht er sich besonders angesprochen. Mit seinen Eltern in Berlin hat er nur noch wenig zu tun. Während die ältere Schwester im Familiengeschäft eine Ausbildung absolviert hat und im elterlichen Dunstkreis geblieben ist, ist er nach Hamburg geflohen.

Er ist neunundzwanzig, als er meine Mutter kennenlernt. Sie studiert an der Fachhochschule Architektur, arbeitet nebenher als Hilfskrankenschwester in einem Krankenhaus – und eine Zeit lang als Technische Zeichnerin in der Bauabteilung seines Arbeitgebers. Sie begegnen einander in der Kantine. Sich das Zusammenkommen der eigenen Eltern vorzustellen gleicht dem direkten Blick in die Sonne. Man erträgt die Imagination nur für kurze Zeit. Das Ereignis, dem man das eigene Leben verdankt, bleibt in seiner Rätselhaftigkeit unergründbar, genauso wie die archaische Dankbarkeit, die jede Verbindung von Kindern zu ihren Eltern grundiert.

Wovon war er angetan, als sie das erste Mal gemeinsam ausgingen? Von ihrem kecken Wesen und der ungewöhnlichen Zielstrebigkeit? (Ein Vorgesetzter hatte über sie gesagt: »Das Fräulein Didaskalou lässt sich nicht die Butter vom Brot nehmen!«) War er von ihrer Erscheinung angezogen – die dunklen Locken, die schmalen, elegant gewölbten Brauen über den erstaunlich klaren hellbraunen Augen – oder nicht auch davon beeindruckt, welchen Willen sie aufgebracht, welche Widerstände sie überwunden haben musste, um mit ihm über den Fischmarkt zu spazieren? Sie stammte aus dem nordgriechischen Städtchen Giannitsá, aus der Nähe von Thessaloníki; musste er, als er das Wort Saloníki hörte, nicht unwillkürlich an seine Kindheit denken, als er während des Krieges bei Tante Mariechen am Bodensee lebte und Onkel Kurt hin und wieder aus

Saloníki anrief? Wie von allein stellt meine Fantasie diese Verbindung her. Zumindest hatte er, wie meine Mutter mir erzählte, ohne Hemmung von Onkel Kurts Zeit in Griechenland gesprochen (als würde er an diese Kindheitserinnerungen anschließen und nicht daran, was die Deutschen in Griechenland angerichtet hatten).

Auch meine Mutter, im Januar 1941 geboren, ist mit Geschichten aus dem Krieg, von der Besatzung der Deutschen in Giannitsá aufgewachsen, glaubt sogar, sich an einiges noch erinnern zu können. Ein Onkel von ihr war von Wehrmachtsangehörigen auf einem Feld erschossen worden, vierzehn Jahre jung. Wehrmachtssoldaten hatten auch Viertel der Stadt angezündet, eine Vergeltungsaktion, weil die Bevölkerung ihre Widerstandskämpfer nicht hatte verraten wollen. Ihr Vater, ein einfacher Stoffhändler, war mit ihr als Dreijährige vor dem Feuer in die umgebenden Wälder geflüchtet. Sie erinnert sich noch *wie heute* an den Anblick der brennenden Stadt in der Ebene, doch meinem Vater hat sie damals nichts davon erzählt. Sie war nach Deutschland gekommen, um sich eine Zukunft zu ermöglichen, nicht um über die Verbrechen der Deutschen in der Vergangenheit zu reden.

»Was machst du eigentlich genau?«, fragt sie.

»In Amerika heißt es Controlling«, antwortet er. »Hier nennt man uns auch ›die Erbsenzähler‹.«

Seine Freunde sind längst verlobt oder haben schon geheiratet, niemand in seinem Bekanntenkreis hatte je eine ausländische Freundin. Sie ist die Attraktion – ihr Deutsch ist exzellent –, und macht auch ihn irgendwie zum Exoten. Für meine Mutter zeigt sich bald, dass ihn noch etwas anderes von seinen Freunden unterscheidet. Es fällt ihm schwer, Aussagen nicht wörtlich zu nehmen. Zwischentöne, Ambiguitäten, Andeutungen, Widersprüche lösen ein geradezu körperliches Unbehagen in ihm aus. Dass zwischen dem Gesagten und dem Gemeinten eine Lücke klaffen kann, die Welt hinter den Wörtern unendlich und im Fluss ist, scheint ihn zu ängstigen. Im Gespräch beharrt er auf dem schon Formulierten, will den anderen auf die einmal geäußerte Position *festnageln,* als drohte er sonst vom Chaos des Ungewissen und dem Horror der Unzuverlässigkeit verschluckt zu werden. Er nimmt die Dinge so genau, dass er an ihnen zu kleben beginnt. Die Studentin, die später meine Mutter werden wird, bemerkt seine Spitzfindigkeiten sehr wohl, ist aber gewillt, über sie hinwegzusehen. Sie glaubt fest daran, dass die Ehe, dass sie ihn ändern und beruhigen wird.

Sowohl der Vater als auch die Mutter haben als Kinder im Krieg eine Stadt (meine Mutter) oder das eigene Wohnhaus (mein Vater) brennen sehen – das fällt mir jetzt erst auf.

Kaum waren sie dazu finanziell in der Lage, haben sie drei Ferienwohnungen im Harz erworben, als wollten sie beweisen, dass sie Unterstützung nicht nötig hätten und es aus eigener Kraft schafften.

Nachdem seine Eltern nichts mehr mit ihm zu tun haben wollten, war mein Vater mit einem Mal von der griechischen Familie meiner Mutter umgeben. Nicht nur sie war nach Hamburg gekommen, auch die beiden Brüder und eine Cousine lebten in der Stadt. Selbst ihr Vater, »ein Luftikus«, wie meine Mutter ihn zärtlich bezeichnete, war vor dem griechischen Finanzamt nach Norddeutschland geflohen, wo er im Krankenhaus Ochsenzoll noch mit Ende fünfzig als Hilfskrankenpfleger zu arbeiten begann.

Warum hat mein Vater in dieser Zeit kein Griechisch gelernt? Löste das Übergewicht *der griechischen Seite* eine Art Selbsterhaltungsreflex aus? War er zu bequem oder interessierte ihn die Sprache seiner Frau einfach nicht? Sein Ehrgeiz reichte für die Begrüßungsformeln und ironisch vorgetragenen Sätze wie »δεν μιλάω ελληνικά«, ich spreche kein Griechisch.

»Κάτσε, κάτσε«, setz dich doch!, sagte die griechische Cousine, wenn er sie mit meiner Mutter besuchte. »Wo ist die Katze?«, antwortete er jedes Mal, obwohl er die Redewendung kannte, als wollte er ihr trotzig klarmachen, dass man in Hamburg Deutsch zu sprechen habe.

Inzwischen bewohnten meine Eltern eine Dreizimmerwohnung in Hamm, einem zentralen Stadtteil Hamburgs. Meine Mutter fand als Hochbauingenieurin Arbeit im Hamburger Bauamt und plante die Deutschlandhalle des neuen Flughafens. Nach meiner Geburt blieb sie für drei Jahre zu Hause; als ich den Kindergarten besuchte, holte ihr ehemaliger Vorgesetzter sie in seine Abteilung zurück; nach der Geburt meines Bruders arbeitete sie halbtags weiter, eine Nachbarin betreute ihn an den Vormittagen.

Bevor die Söhne geboren wurden, hatte mein Vater von einer Großfamilie geträumt, von einer Kinderschar so groß wie eine Fußballmannschaft. Nach meiner Geburt fiel ihm auf, dass Kinderhaben fordernd sein kann, er revidierte seinen Wunsch und war mit zwei Kindern zufrieden; auch eine vierköpfige Familie war eine Familie, und darauf kam es an.

Ich glaube, dass die eigentliche Familienzeit für ihn jedoch erst begann, als er sich – bewusst oder nicht – seiner eigenen Wurzeln besann und die finanziellen Möglichkeiten hatte, ein Wohnhaus zu erwerben.

Seine Firma verlagerte ihre Zentrale nach Frankfurt am Main, er wurde nach Hessen entsandt, um geeignete Büroetagen oder ein Firmengebäude zu finden – und so kam er nach Zeppelinheim, das über einen Pendleranschluss und ein kleines Industriegebiet verfügte. Die Firma bezog schließlich einen Büroturm in Frankfurt Niederrad, doch Zeppelinheim, die Luftschiffersiedlung, in der für einige Jahre auch seine geliebte Tante Mariechen mit Onkel Kurt gelebt hatte, Zeppelinheim, das er schon als Kind besucht hatte, ließ ihn nicht los. Er fuhr an Onkel Kurts altem Haus vorbei, im ältesten Ortsteil gelegen, dessen Straßen allesamt nach Größen der deutschen Luftschifffahrt benannt sind: Kapitän Lehmann, Kapitän Strasser, Doktor Eckener. Er rollte durch die stillen Straßen, die später angelegt worden waren, an Villen und verwunschenen Hutzelhäuschen vor hochstämmigen Kiefern entlang. Jenseits der Flughafenstraße standen mehrstöckige Mietshäuser aus den Sechzigerjahren, von einem Ring aus Bungalows eingefasst, als wollte die Ortschaft auf kleinstem Raum nicht nur Alt und Neu, sondern auch Reich und Arm miteinander versöhnen. Was ihn am meisten begeisterte: Von jedem Punkt dieses Örtchens erreichte man den Wald zu Fuß in wenigen Minuten.

»Ich habe ein Haus entdeckt, ein Reihenendhaus«, berichtete er meiner Mutter am Telefon, als er im Immobilienteil der

Frankfurter Rundschau fündig geworden war. »Es liegt halb im Wald«, fügte er hinzu, doch als meine Mutter, mein Bruder und ich zur Besichtigung anreisten, war ich enttäuscht. Das Haus lag zwar nur hundert Meter von einem Bach und dem dahinter beginnenden Wald entfernt, meine kindliche Fantasie – ich war gerade sechs geworden – hatte sich jedoch ein einsames Häuschen auf einer Waldlichtung vorgestellt. Meine Eltern erwarben das Haus von einem Piloten der Lufthansa, der für seine Familie auf der anderen Seite des Ortes ein Architektenhaus mit Fensterfronten, verschachtelten Wohnebenen und einem Swimmingpool im Garten bauen ließ. Unsere Welt war bescheidener und durchschnittlicher, unauffälliger, und verfügte vielleicht deshalb über alles, was mein Vater benötigte. Er war in der Firma aufgestiegen, nicht so hoch wie seine Studienfreunde, die mit Ende dreißig schon in Vorständen saßen, verdiente aber so viel, dass, wie er es formulierte, seine Frau nicht zu arbeiten brauchte und sie sich dennoch zwei Autos und Ferienreisen leisten konnten.

Das Haus am Ende einer Reihenhauszeile. Der schmale Garten war durch eine Hecke vom angrenzenden Gehweg und den Parkbuchten getrennt. Das Wohnzimmer reichte von der Fassade bis zum großen Fenster mit der Terrassentür zur Gartenseite. Ein Gäste-WC, gleich rechts hinter dem Eingang, eine offene Wendeltreppe in den Keller mit Wirtschaftsräumen und einem ganz mit Holz ausgekleideten Raum, der bald das Hobbyzimmer genannt wurde und für einige Jahre als Fernsehzimmer diente. Im Obergeschoss das Schlafzimmer, das Zimmer meines Bruders und der kleine Arbeitsraum des Vaters, an dessen Wänden maßgefertigte Regale bis unter die Decke reichten. Über der Aufklappcouch hing ein Stich von Lyonel Feininger, Segelboote im hellen Blau der Ostsee. Öffnete man eine der orangefarbenen Regaltüren, zeigte sich ein Hängeregister, in dessen Pappeinlagen er die Landkarten und Broschüren zu seinen Reisen aufbewahrte. Mein Zimmer befand sich unter dem ausgebauten Dach, dessen schräge Wände, wie der Hobbyraum, mit hellbraunen Holzpaneelen verkleidet waren.

Während mein Bruder und ich im Garten schaukelten oder im Sandkasten spielten, sahen wir unsere Mutter durch das Küchenfenster und wussten den Vater im Zimmer darüber am Schreibtisch sitzen. Später wurde der Sandkasten abgebaut, neuer Rasen gesät und der größer gewordene Platz gelegentlich zum Fußballspielen genutzt, wobei das Besondere meiner Haus-Erinnerungen darin besteht, dass zeitliche Zuordnungen wie *erst* und *dann, vorher* oder *später* kaum eine Rolle spielen. Wie bei einigen Sommerferien in der Kindheit, aus denen die Erinnerung einzelne Bilder oder Szenen aus einer gefühlten Ewigkeit hervortreten lässt, ist in der Vergegenwärtigung unseres Familienjahrzehnts der zeitliche Ablauf nahezu außer Kraft gesetzt. Nicht mehr als ein Lidschlag liegt zwischen meinem Schreck über das Verschwinden des zweijährigen Bruders kurz nach dem Einzug 1975 (er sei auf dem Weg nach Hamburg, sagte er, als man ihn nach einer bangen Stunde im Wald beim Friedhof entdeckte) und meiner Verlegenheit, als ich als Fünfzehnjähriger auf die Terrasse trat und meinen Vater verärgert flüstern hörte: »Du kriegst die Scheidung nicht!«

Falls die Haus-Zeit einer Ordnung gehorcht, dann einer räumlichen. Die Fassade blickte auf den winzigen Vorgarten und einen Fußweg, der unsere Zeile von den Grundstücken der

Nachbarreihe trennte; um die beiden Häuserzeilen schloss sich eine nur von den Anwohnern befahrene Straße. Der Eindruck einer abgeschlossenen, stillen Welt rührte auch daher, dass der Kontakt zu den Nachbarn freundlich, aber lose blieb. Selten kam jemand zu Besuch und wenn, dann nicht aus unmittelbarer Nachbarschaft. Das Haus neben uns bewohnte ein älteres Ehepaar, das vielleicht deshalb so zurückgezogen, geradezu geräuschlos lebte, weil der Mann ab dem späten Nachmittag hinter heruntergelassenen Rollläden zu trinken begann. Meine Mutter besuchte hin und wieder die Ehefrauen aus den Bungalows auf der anderen Straßenseite; auch mein Vater unterhielt sich beim Fegen des Gehwegs oder wenn er samstags die Gartenabfälle mit der Schubkarre in das dafür vorgesehene Gatter schob, mit den vorbeikommenden Nachbarn, entwickelte aber zu niemandem eine engere Bindung. Das Reihenhaus kam seinem geringen Interesse an sozialem Austausch entgegen. Allein die Gleichförmigkeit der Gebäude beglaubigte unsere Zugehörigkeit. Die Flucht aus Berlin, seine Abenteuerlust als Student und die Heirat einer *exotischen* Griechin – all das widersprach nicht seiner tiefen Sehnsucht nach dem konventionellen Leben einer Kleinfamilie. Das Durchschnittliche, das Normale versprach Sicherheit und bildete zugleich ein Versteck, in dem man sich um andere nicht zu kümmern brauchte. Besonders glücklich schien er, wenn auch der Alltag diesem durchschnittlichen Familienbild entsprach: Wenn bei seiner Rückkehr am späten Nachmittag seine Frau das Abendessen zubereitete und die beiden Söhne die Treppe herunterstürmten, um ihn zu begrüßen.

Am Wochenende: Ausflüge zur Burg Frankenstein in den Odenwald, in den Palmengarten oder in den Frankfurter Zoo, in dessen Nähe ich bald das altsprachliche Heinrich-von-Gagern-Gymnasium besuchen sollte. Von ihm und uns Söhnen besonders geliebt: die Besuche im Senckenberg-Museum mit der ausgestellten Anakonda, die beim Verschlingen eines Wasserschweins erstickt war. Er las kaum noch und wenn, dann die Biografien von Politikern. Seine Begeisterung für Helmut Schmidt: »Guter Mann in der falschen Partei«. An den Abenden lief der Fernseher. Die Tagessschau ein Muss. Ebenfalls: das Auslandsjournal und der Presseclub am Sonntagvormittag. Meine Mutter hatte kaum Interesse an Oper und Theater, und allein besuchte er keine Vorstellungen. Stattdessen legte er hin und wieder eine Klassik-Platte auf den Schneewittchensarg von Braun und hörte mit Kopfhörern Brahms, Mozart oder Beethoven. »Komm mal«, sagte er und schob mir die Hörer in dem Moment auf die Ohren, als der Beifall einsetzte und in meinem Kopf wie ein weicher Sommerregen rauschte.

Es war ein zerbrechliches Glück – immer gefährdet durch den drohenden Verlust seines inneren Gleichgewichts. Eine falsche Bemerkung meiner Mutter konnte genügen, und seine Vorhaltungen begannen. In der Empörung über das Unverständnis der anderen Seite wurden die Stimmen lauter, es kam zu Wutausbrüchen und Geschrei. Während eines nächtlichen Streits war er einmal in sein Arbeitszimmer geflüchtet, und wir hörten ihn durch die Tür verzweifelt weinen wie ein Kind. Uns, die Söhne, schien er schützen zu wollen (ich erinnere mich an eine einzige Ohrfeige von ihm), doch auch wenn er seinen Ärger nicht an uns ausließ, setzte seine Nervosität, die schnelle Erregbarkeit die Räume unter Spannung. Harmonie war kostbar, jeden Moment konnte es zu einem Ausbruch kommen.

In meiner Erinnerung nehmen der schmale Vorgarten und der Fußgängerweg davor eine besondere Rolle ein. Hier ging das intime Reich der Familie in den öffentlichen Raum über. Dieser schmale Streifen erscheint mir wie eine Bühne, auf der ich zum ersten Mal vom Tod erfuhr, auf der meine Eltern aber auch anders, harmonischer auf mich wirkten.

Vor dem Haus traf ich eines Tages meinen aufgewühlten Vater an. Soeben hatte er erfahren, dass mein kleiner Cousin im Alter von sechs Wochen am plötzlichen Kindstod verstorben war. Die Nachricht machte auch unser Haus zum Trauerhaus, ängstlich blickte ich aus dem Vorgarten zum großen Fenster, vermochte durch die spiegelnde Scheibe aber nichts als die Äste der Birke hinter mir zu erkennen. Als ich den Windfang betrat, hörte ich schon das Schluchzen meiner Mutter. Sie saß auf dem Sofa im Wohnzimmer und telefonierte weinend mit der Verwandtschaft in Griechenland. Vor dem Haus entdeckte ich aber auch, dass meine Eltern etwas verband, in das ich sonst kaum Einblick hatte. Vor uns Kindern tauschten sie selten Zärtlichkeiten miteinander aus. Ihre offenbar vorhandene Zuneigung zeigte sich, wenn mein Vater überschwänglich ihr Essen lobte oder wir Kinder mit meiner Mutter aufwändige Geschenke zu seinem Geburtstag bastelten, doch an manchen Morgen war etwas anders: Da begleitete meine Mutter ihn bis zur Haustür, richtete zur Verabschiedung seine Krawatte und sah ihm liebevoll hinterher, während er, die Aktentasche schaukelte an seiner Hand, beschwingt durch den Vorgarten zum Auto ging.

Zum Familienbild meines Vaters gehörte, dass er als *pater familias* allein für das Wohl der Familie sorgte. Er wollte nicht, dass meine Mutter arbeitete, und bis zu einem bestimmten Punkt scheint sich meine Mutter mit ihrer Verwandlung in eine deutsche, die Landessprache perfekt beherrschende Hausfrau auch abgefunden und sie vielleicht sogar genossen zu haben. Sie richtete ihren Ehrgeiz auf den Umbau des Hauses, plante und beaufsichtigte die Vergrößerung der »Eingangssituation« und die Installation eines Kamins im Wohnzimmer und beschränkte ihr Griechisch auf den Austausch mit ihren Söhnen. Für einige Jahre zogen sie an einem Strang. Beide hatten die Grenzen ihrer Herkunft überschritten und sich ein Leben nach ihren Vorstellungen geschaffen. Mein Vater hatte es trotz seiner Enterbung zu Immobilienbesitz und bescheidenem Wohlstand gebracht, der Aufstieg meiner Mutter wirkte noch bilderbuchtauglicher: Als Tochter eines über Märkte ziehenden Händlers und einer Mutter, die kaum die Schule besucht hatte, war sie nach dem Abitur in die Fremde aufgebrochen, hatte nicht nur studiert und eine Familie gegründet, sondern es so weit gebracht, dass sie – genau wie ihr erfolgreicher Arzt-Bruder! – stolz *im Mercedes* bei den in der Heimat gebliebenen Klassenkameradinnen und kirchenmausarmen Provinz-Cousinen vorfahren konnte. Vielleicht verband sie aber auch, dass sie trotz allem beide ihre Herkunft nicht loswurden. Das Einkommen meines Vaters hätte eine gewisse Großzügigkeit im Kleinen ermöglicht, doch dazu war er nicht in der Lage (oder wollte dazu nicht in der Lage sein), als flammte bei jeder überflüssigen Anschaffung die alte Verlustangst wieder auf. Sparsam bleiben, auf den Pfennig schauen. Es war selbstverständlich, dass meine Mutter unsere Lebensmittel beim Discounter kaufte, beide schöpften Befriedigung daraus, so günstig wie möglich einzukaufen. Auch sein Habitus hatte mit den steigenden Einkünften nicht Schritt gehalten. So reagierte er barsch oder wütend, wenn ein Kellner ihn fragte, ob er vor dem Essen einen Aperitif wünsche. Die Welt der feinen Unterschiede, die seine Hamburger Freunde mit ihren wachsenden finanziellen Möglichkeiten stolz und selbstverständlich für sich entdeckten, löste in ihm das Unbehagen der Überforderung aus. Das Weltläufige blieb ihm versagt und jedes genießerische Zeremoniell unheimlich. Dabei bewunderte er Parkettsicherheit und Souveränität an Kollegen oder Vorgesetzten, nur witterte er mit der Sensibilität der Verunsicherten auch genau, wer sich nur weltläufig gerierte, und brachte diesem Dünkel eine revanchistische Verachtung entgegen.

Auch in meiner Mutter nagte ein latentes Unterlegenheitsgefühl, auch auf ihrem Gesicht lag manchmal ein überhebliches Lächeln, wenn wir etwa – was ohnehin selten vorkam – bei deutschen Eigenheimnachbarn oder Urlaubsbekanntschaften zu Kaffee und Kuchen saßen. Früher oder später kam dabei das Gespräch immer auf Griechenland; angetrieben von dem Bedürfnis, das Bild ihrer Heimat als »Europas armer Mann« oder – noch schlimmer – als »Drittwelt-Land« zu entkräften, verstieg sie sich zu der Behauptung, Griechenland würde bald so wohlhabend und wirtschaftlich potent sein wie die Länder Mitteleuropas. Ihr Streben nach Ebenbürtigkeit glich einem Kampf gegen Windmühlen, denn das deutsche Überlegenheitsgefühl blüht in tausend Formen. Für mich war das nachsichtige Befremden, das sie damit auslöste, fast so unangenehm wie die hemmungslosen Besserwissereien meines Vaters. Sie (also wir) waren eben doch anders, und obwohl in der gesellschaftlichen Mitte angekommen (besser gestellt als die Familien aus der Sozialsiedlung und lange nicht so gut wie die Villenbewohner auf der anderen Seite), umgab unser Haus eine eigentümliche Leere. Wand an Wand lebten wir mit anderen und doch in einer abgeschiedenen sozialen Ferne. Ich frage mich, ob wir, die Halb-Ausländer, in einer deutschen Reihenhaussiedlung Anfang der Achtzigerjahre angefeindet wurden. Wenn es Argwohn gab, muss er subtil gewesen sein, nur ein einziger Streit mit einer Nachbarin kommt mir in den Sinn. Da unser Grundstück am Rand lag, verlief der öffentliche Fußweg – dessen Pflege uns oblag – an seiner gesamten Längsseite. Diese zwanzig Meter Gehweg bildeten unsere offene Flanke zur Gesellschaft. Wurde die Hecke auch regelmäßig geschnitten oder ragten ihre Zweige regelwidrig in den öffentlichen Raum hinein? Sprießte zwischen den Latten des Jägerzauns der Löwenzahn und ergab ein unschönes Bild? Meine Eltern machten sich über diese Anforderungen lustig und achteten doch penibel darauf, ihnen nachzukommen. Besonders der kinderlosen Bewohnerin vom Bungalow gegenüber sollte kein Anlass zu Beschwerde geboten werden. Eine Zeit lang war ihr Schatten immer dann am Fenster hinter der Gardine erschienen, wenn meine Mutter zum Einkaufen in ihren Fiat Punto stieg und der Auspuff beim Anlassen des Motors dunkle Wolken ausspuckte. Kurz darauf standen zwei Herren vom Ordnungsamt vor unserer Tür, um »nach Hinweis aus der Nachbarschaft das Vorliegen einer Umweltverschmutzung« zu prüfen. Damit sich Ähnliches nicht wiederholte, wurde ich dazu verdonnert, das Unkraut am Gehwegrand zu zupfen und mit einem ausrangierten Silbermesser Moos aus Ritzen zu kratzen. Die Tätigkeit war mühsam und eintönig, und während ich auf Knien über die Steinplatten rutschte, glaubte ich den feindlichen Gardinenblick der

Nachbarin im Rücken zu spüren. Um sie zu ärgern, setzte ich mich manchmal auf den Bordsteinrand und starrte unheilvoll in ihre Richtung oder ließ das gezupfte Unkraut auf dem Gehweg liegen, bevor ich es Stunden später doch zusammenfegte und auf den Gartenabfall warf.

Der Argwohn wuchs eher im Inneren der Familie. So penibel mein Vater das Deutsch meiner Mutter verbesserte (*nach wegen immer Genitiv!*), so wenig zeigte er weiterhin Interesse an ihrer Sprache und stand der von ihm sogenannten *griechischen Mischpoke* zwar mit wohlwollender Amüsiertheit, aber eben mit Amüsiertheit, also mit Befremden gegenüber. Im Prinzip störte es meine Mutter nicht, dass er kein Griechisch sprach, nur entwickelte sich das Griechische auf diese Weise zu einer Art Geheimsprache zwischen meiner Mutter, meinem Bruder und mir, selbst wenn wir nicht über meinen Vater redeten. Allein die Verständigung auf Griechisch vertiefte einen Riss. Mit dem Gebrauch griechischer Wörter und Redewendungen öffnete sich eine eigene Welt, wir versanken in einem Raum der Zwischentöne und intimer Verbundenheit, in einer Atmosphäre, in der sich der Abstand zwischen uns wie von allein verringerte und wir Teil einer Gemeinschaft wurden, aus der mein Vater ausgeschlossen blieb. Diese Nähe hatte etwas Betörendes, verband sich mit ihr doch die Leichtigkeit und die süße Mattheit der endlosen griechischen Sommer. In ihr konnte aber auch furchtbares Unheil hereinbrechen, denn meine Mutter erzählte gern dramatische Geschichten von Schuld und Sühne, von Flüchen und wahr gewordenen Verwünschungen oder begann über Schicksalsschläge entfernter Verwandter hemmungslos zu weinen, als hänge deren tragischer Verlust wie eine Bedrohung auch über unserer Familie. Langsam übertrug sich auch ein rätselhafter alter Schmerz, eine bedrückende Schwere von der Mutter auf die Söhne. Für mich besteht kein Zweifel, dass meine Mutter mit ihrem Aufbruch nach Deutschland auch etwas von diesem griechischen Leiden, dem Kaïmós der kleinen vergessenen Länder hinter sich lassen wollte. Doch der Schmerz verschwand nicht, auch wenn sie ihr Deutsch immer weiter perfektionierte, er verlagerte sich und fand sein Ventil im griechischen Austausch mit ihren Söhnen. Mein Bruder und ich teilten etwas, dessen Besonderheit in seiner abstrakten emotionalen Dichte uns nur halb durchschaubar blieb. Mir erschien diese Einweihung wie eine Auszeichnung, aber auch als unangemessen und verboten, und irgendwann stellte ich mich gegen den permanent in der Luft liegenden »Verrat am Vater«, indem ich meiner Mutter nur noch auf Deutsch antwortete. Auf die heftigen Auseinandersetzungen zwischen beiden hatte das freilich so wenig Einfluss wie die Bitte meines Bruders, der mit sieben oder acht Jahren in seiner Verzweiflung »Heute bitte nicht streiten!« auf einen Zettel schrieb und ihn unter der Schlafzimmertür hindurchschob.

Für mich war die Tatsache, dass mein Vater kein Griechisch sprach, so selbstverständlich, dass ich sie nicht infrage stellte – mich wunderte nur, dass er die Nähe zwischen seiner Frau und den Söhnen, die sich daraus ergab, nutzte, um sich immer weiter in sich zurückzuziehen. Oder litt er an der Ausgrenzung und nahm sie, obwohl er doch Verantwortung für sie trug, als weiteren gewünschten Anlass, um sich gekränkt zu fühlen? Was zwang die beiden, aber vor allem meinen Vater, das, wonach er sich am meisten sehnte – friedvolles Zusammensein –, immer wieder neu zu zerstören? War er allein in einem Zimmer, begann er vor sich hinzumurmeln, in Zwiesprache mit sich selbst oder wütend anredend gegen unsichtbare Gegner. Im Austausch mit meiner Mutter schien er auf Gesten, Bemerkungen oder Entscheidungen, die er als Zurücksetzung auffassen konnte, förmlich zu lauern. Dabei provozierte er selbst mit unnötigen Spitzen oder gehässigen Kommentaren, die ihm wie gegen seinen Willen zu entschlüpfen schienen. Ein Zwang, ein unwiderstehlicher Drang, er löckte gegen den Stachel, bis auch meine Mutter die Beherrschung verlor. Taten ihm die Ausbrüche hinterher leid? Da war kein Boden unter seinen Füßen, keine Selbstgewissheit, die ihm als Zuflucht oder inneres Obdach hätte dienen können. Er fand keine Ruhe, nur Verschnaufpausen.

Noch von Hamburg aus hatte mein Vater lange Reisen unternommen. Während meine Mutter mit mir zu Hause blieb, war er in die Türkei und nach Ägypten zu den Pyramiden und durch die Wüste gereist. Ein Jahr später hatte er Pakistan besucht und war bei seinen Wanderungen im afghanischen Grenzland bis nach Kandahar gelangt. Nach der Geburt meines Bruders und dem Umzug ins Haus war an solche Alleinunternehmungen nicht mehr zu denken – nur Mitbringsel wie der Teppich aus Islamabad in unserem Wohnzimmer oder die mit zahlreichen Perlen und Spiegelsteinen bestickten Stoffelefanten in dieser oder jener Zimmerecke erinnerten an seine Reiseabenteuer.

Als Familie fuhren wir nun in die Berge. Solange Tante Mariechen noch lebte, besuchten wir sie auf dem Weg am Bodensee in ihrem kleinen Haus. Es gab selbst gemachten Bienenstich und cremigen Kakao aus hauchdünnem Porzellan. Kurt war 1969 an den Langzeitfolgen einer Wirbelsäulenverletzung vom Hindenburg-Absturz gestorben; seitdem hielt sie Haus und Garten allein in Schuss und gestaltete ihren Alltag mit Sinn für jede Kleinigkeit. Auch wenn sie allein aß, hatte mein Vater einmal erzählt, legte sie Silberbesteck und Serviettenring auf und garnierte den Teller mit Radieschen und Petersilie. Nach ein oder zwei Stunden sah mein Vater auf die Uhr. »Noch liegen wir gut in der Zeit«, sagte er und blickte sich vergnügt im niedrigen Stübchen um, als wollte er sich von jedem der ihm lange bekannten Möbel und Gegenstände einzeln verabschieden, bevor wir aufbrachen und kurz darauf die Grenze in seine geliebte Schweiz überquerten. Bettmeralp oder Champéry im Wallis, Spiez am Thunersee oder das hoch liegende Bergdorf Grächen, zwischen Zermatt und Saas-Fee versteckt. In den Bergen fiel eine Last von ihm; kaum hatten wir am folgenden Tag die ersten Anstiege hinter uns gebracht, rief, nein, schrie er mit ausgebreiteten Armen, den Blick über die in der Tiefe liegenden Spielzeughäuser und Straßen schweifen lassend: »Urlaub!« Auch uns gegenüber war er geduldiger. Den nörgelnden Bruder unterhielt er mit Geschichten oder versprach: »Noch zweihundert Meter, dann gibts ein Hanuta!« Selbst meine griechische Mutter, die in ihrer Kindheit weder Schwimmen noch Fahrradfahren gelernt hatte, trug damals Kniebundhosen und dicke rautengemusterte Strümpfe zu schweren Wanderstiefeln. Für mich markieren die Schweizreisen, in denen wir zu viert in Hütten einkehrten oder atemberaubende Ausblicke aus den mit leisem Surren in die Höhe gleitenden Gondeln genossen, einen bittersüßen Übergang. So sehr der Höhenrausch des Vaters auf mich übersprang, so erschien mir die Wandermontur der Mutter immer mehr wie eine schale Verkleidung. In dem Augenblick, in dem ihre Verwandlung in eine deutsche Ehefrau vollendet schien, begann der Anfang vom Ende ihrer Ehe.

In einem dieser Bergsommer verließ er eines Abends überstürzt die Ferienwohnung und fuhr für einige Tage weg. Es hatte den ganzen Tag geregnet. Während der Wanderung waren sie in einen heftigen Streit geraten. Meine Mutter war auch nach seiner Abfahrt noch so verärgert, dass sie mit düsterem Ausdruck vor sich hinbrütete. Als ihr auffiel, dass auch ich im Zimmer saß, brach es aus ihr hervor: »Ach, ich habe deinen Vater nur aus Mitleid geheiratet.« Erschrocken über ihre Worte sprang sie auf und flüchtete ins Bad, als wollte sie verhindern, dass ihr vor dem Zwölfjährigen weitere Offenbarungen herausrutschten. Am nächsten Morgen war der feuchte Asphalt vor dem Haus mit Dutzenden Schnecken übersät. Noch heute sehe ich die fleischigen, längs gerillten Körper der Nacktschnecken mit ihren in die Höhe gereckten Fühlern in der Erinnerung vergrößert, und noch immer ist es mir nicht gelungen, das Bild meines Vaters von den Auswirkungen dieses Satzes vollständig zu befreien.

In die Schweizer Berge oder ans griechische Meer? Diese harmlose Frage bekam bald etwas dramatisch Unheilvolles. Es ging nicht nur um Urlaubsvorlieben, es ging um die Gegensätzlichkeit zweier angeblich unversöhnlicher, von meinem Vater sogenannter *Mentalitäten*. Als wir einen Sommer im Ferienhaus des Onkels auf der Chalkidikí verbrachten, hielt er das großfamiliäre Beieinanderhocken und die bewegungsarmen Strandtage nicht lange aus, flüchtete auf die Insel Thássos oder nach Samothráki und kam in den Jahren darauf nicht mehr nach Griechenland mit. Griechenland oder *die griechische Seite mei-*

ner Frau wurde immer mehr zu dem, was sie von ihm abrückte und die Ehe bedrohte.

Inzwischen hatte meine Mutter durchgesetzt, wieder zu arbeiten. Am Zeichentisch im heimischen Schlafzimmer fertigte sie technische Zeichnungen für ein Architekturbüro an, kam aber nach zehn Jahren als Hausfrau mit den veränderten Anforderungen nur schwer zurecht. Sie arbeitete als Vertreterin für Trainingsanzüge aus Frotteestoff, auch diese Tätigkeit war nur von kurzer Dauer. Mehr Zeit verbachte sie nun mit Griechinnen aus Neu-Isenburg, nahm an Versammlungen der Gemeinde teil, begann sogar die langen Gottesdienste in der Frankfurter orthodoxen Kirche zu besuchen. Wie sich herausstellte, bildete das angeschlossene, schlicht eingerichtete Café eine ergiebige Kontaktbörse; bei Mokka aus Plastikbechern führte man konspirative Gespräche und fädelte Geschäfte ein. Hier machte meine Mutter die Bekanntschaft eines schrulligen Vertreters für »Fenster und Türen«, der ihr sogleich einen Hilfsjob anbot; nicht viel später lernte sie jene wohlhabenden Frankfurter Griechen – Restaurantbesitzer, Zahnärzte und Pelzhändler – kennen, die sie erst durch ihr architektonisches Fachwissen beeindruckte und denen sie bald Holz- oder Kunststofffenster für ihre in der Heimat gebauten Häuser vermittelte. Meine Mutter wurde zur geschickten Geschäftsfrau. Hin und wieder flog sie sogar nach Thessaloníki, um in pompösen Villen den Einbau ihrer Fenster zu überwachen oder neue Kunden kennenzulernen. Mitte vierzig inzwischen, hatte sie endlich eine Aufgabe gefunden, bei der sie ihre Erfahrung aus dem Studium mit der Sehnsucht nach Griechenland verbinden konnte.

Solange die Entschiedenheit meiner Mutter nicht ihn selbst

betraf, war mein Vater von ihrer beruflichen Neugeburt tief beeindruckt. »Was deine Mutter auf die Beine stellt!«, sagte er und schüttelte bewundernd den Kopf, während seine Augen feucht zu glänzen begannen, denn das Familienleben war nicht zu retten. In den Monaten, bevor mein Vater eines Sonntags mit belegter Stimme schließlich durchs Treppenhaus rief – »Kinder, kommt mal bitte, wir müssen euch etwas sagen« –, telefonierte ich täglich mit einer Vertrauten aus meiner Klasse. Auch ihre Familie brach gerade auseinander, und wir ergingen uns in Analysen, Beschwichtigungen und Psychoratschlägen und setzten auf diese Weise dem beängstigend schwankenden Boden unter unseren Füßen den spärlichen Halt unserer altklugen, nicht enden wollenden Gespräche entgegen.

Zumindest für mich stellte der Auszug meines Vaters eine Erleichterung dar – nicht nur der tägliche Elternkrach fiel weg: Da meine Mutter mit dem Aufbau ihres Geschäfts beschäftigt war, wurde ich in die Vogelfreiheit entlassen. Ich konnte tun und lassen, was ich wollte, das hieß an den Wochenenden auch über Nacht in Frankfurt bleiben. Obwohl erst fünfzehn, erklärte sie mich für erwachsen und richtete den Rest ihrer mütterlichen Fürsorge auf den jüngeren Bruder.

In dieser Zeit erlebte ich den Vater neu. Hatte er am familiären Esstisch noch quälende Monologe über Streitereien im Büro gehalten, brachte ich ihn nun in abendlichen Telefongesprächen dazu, mir zuzuhören. Ich sprudelte über vor Mitteilungsdrang, erzählte von meinen Plänen, als Modedesigner zu reüssieren, und berichtete stolz, ein erstes selbst genähtes Stück – eine Brokatjacke mit Lederbund und Schulterpolstern – an eine Boutique verkauft zu haben. Er zeigte Staunen und Begeisterung: »Und du bist einfach in diese Boutique an der Hauptwache marschiert und hast deine Jacke angeboten?« Ein anderes Mal bat ich ihn, spontan an der Skifreizeit einer benachbarten Schule teilnehmen zu dürfen. »Was?«, rief er, allein von der Vorstellung begeistert. »Skifahren am Schatzberg? Sofort!« So bekam ich, wann immer ich es benötigte, Unterstützung und Vaterzuspruch, während ich ansonsten dabei war, Frankfurt zu entdecken. Bisher kannte ich kaum jemanden, dessen Eltern sich getrennt hatten, nun schienen meine neuen Bekanntschaften aus Sachsenhausen, Fechenheim oder dem bürgerlichen Westend ausnahmslos aus kaputten Elternhäusern oder anders desolaten Verhältnissen zu stammen. Erkannten wir einander an dem Blutgeruch der Trennungskinder, dieser Mischung aus abenteuergieriger Offenheit, Verstörtheit und frühreifer Bitternis? Der eine Freund lebte seit jeher allein mit seiner Mutter in einer winzigen Wohnung, die Eltern des anderen hatten sich kürzlich auf dramatische Weise getrennt, und bei meiner ersten Liebe, einer Pfarrerstochter, ging es zu wie in einer Kommune. Die Mutter zum neuen Freund gezogen, der Vater für ein Pfarramt in einer anderen Stadt, hausten die fünf Geschwister elternlos in dem windschiefen Haus hinterm Grüneburgpark, lagen sich beim abendlichen Hören von *David Bowie* in den Armen oder stritten über nicht eingehaltene Putzdienste. Im Gegensatz zu Freunden aus intakten Elternhäusern verfügten wir über eine Art seelischen Schmiss, über ein Geheimwissen, das uns auf intuitive Weise miteinander verband, von dem wir aber dennoch nur in besonders vertraulichen Momenten sprachen. Ein Freund beichtete, er höre an den Wochenenden durch die dünne Wand die Lustschreie seiner Mutter und die ihrer wöchentlich wechselnden Bettgefährten. Der andere fürchtete die Abende, an denen er nach dem samstäglichen Vaterbesuch nach Hause radelte und dabei von seinem betrunken Schlangenlinien fahrenden Vater im Auto verfolgt wurde. Ich selbst erzählte, mal hinter vorgehaltener Hand, dann wieder achselzuckend, als ginge mich das alles nichts an, von der Affäre meiner Mutter mit einem verheirateten, gewaltbereiten Griechen. Nur über meinen Vater konnte ich nicht sprechen. Noch immer entzog sich das mal wattige, mal stacheldrahtige Verhältnis zu ihm jeglicher Beschreibbarkeit und stürzte mich, sobald ich etwa die Gleichzeitigkeit von Zuspruch, Inbeschlagnahme und Ungreifbarkeit in Worte fassen wollte, in tiefe Verwirrung.

Inzwischen – ich muss siebzehn oder achtzehn gewesen sein – trafen wir uns hin und wieder in einem Frankfurter Café oder gingen in Neu-Isenburg gemeinsam essen. Meine gestalterischen Versuche stießen weiterhin auf sein staunendes Wohlwollen (»Du hast in der Waschküche eine Dunkelkammer eingerichtet? Toll!«), doch seine Aufmerksamkeitsspanne war wieder geschrumpft; nervös und sprunghaft nutzte er jede Gelegenheit, um das Gespräch auf sich zu lenken und mich über seine Gefühlslage ins Vertrauen zu ziehen. So wie ich mich schämte, wenn er mit lauter Stimme Kellner vertraulich begrüßte, um sie im nächsten Moment zu maßregeln, begann ich mich gegen seine offenherzigen Bekenntnisse zu Frauenbekanntschaften oder detaillierte Nacherzählungen von Verhandlungen mit Auftraggebern zur Wehr zu setzen. Ich wollte sie nicht hören. Seine Ehrlichkeit erschien mir wie ein Trick, der ihm die Möglichkeit gab, unablässig von sich zu sprechen und dabei hinter dem Vorhang aus Wörtern als Vater gänzlich zu verschwinden. Sah er mich überhaupt, sprach er noch mit mir? Oder gab er nur einem aufgestauten Mitteilungszwang nach, bei dem es gleichgültig war, wer auf der anderen Seite des Tisches saß? Ich wollte keine Rücksicht auf seine Bedürftigkeit mehr nehmen, nicht wieder mit fürsorglichem Verständnis seine schwierige Kindheit in Rechnung stellen. Ich hatte es satt, seinen herumspringenden Assoziationen zu folgen oder nickend zuzuhören, während meine Gedanken ungeduldig wegdrifteten. Es war etwas Gewalttätiges in seinem Sprechen. Während er sich in Einzelheiten verlor, spürte ich seinen unterschwelligen eisernen Willen wie einen Ring um der Brust. Ich unterbrach ihn aufgebracht und erhob Einspruch. Er solle »wie ein Vater« mit mir sprechen, verlangte ich, sein Verhalten sei distanzlos, er lasse mir kaum Luft zum Atmen. Es war, als käme eine Maschinerie ins Stocken – irritiert schwieg er für einen Moment. »Ich darf also *mal wieder* nichts von mir erzählen!«, schnaubte er, ließ sein beängstigendes Knacken aus der Kehle hören und verdrehte mir nun mit höhnischer Stimme – wie früher im Streit mit meiner Mutter – die Worte im Mund. Anstatt ihm – worauf ich mit dem Übermut des Verzweifelten offenbar gesetzt hatte – die Augen zu öffnen, sah er sich bis aufs Blut gereizt. Plötzlich war ich sein Feind. Tief empört hielt er mir lange zurückliegende Formulierungen oder, wie er sie nannte, *meine Entgleisungen* vor, an die ich mich selbst kaum noch erinnerte. Auch wenn wir erneut im Gestrüpp verletzender Vorhaltungen landeten, konnte ich nicht anders, musste mich auch beim nächsten Mal gegen sein ungehemmtes Reden stemmen. Warum traf ich ihn überhaupt? Schon nach wenigen Wochen freute ich mich, ihn wiederzusehen. Noch immer sehnte ich mich nach seinem Zuspruch, nach seiner mitreißenden, geradezu kindlichen Freude; und noch immer war da die Empfindung einer ungetrübten Verbundenheit, die mir unsere Auseinandersetzungen im Nachhinein wie vermeidbare Missverständnisse erscheinen ließ. Könnte ich das, was ich meinte, nicht anders, klarer und versöhnlicher formulieren? Würde er nicht irgendwann verstehen und sich ändern? Noch immer hoffte ich auf eine Wendung, auf ein Ereignis, mit dem sich der gordische Knoten wie durch ein Wunder lösen und uns beide in ein ganz normales Vater-Sohn-Gespann verwandeln würde, ohne eine Ahnung davon zu haben, wie diese Normalität eigentlich aussehen könnte.

Nach dem Abitur hatte ich begonnen, Kurzgeschichten zu schreiben, und als ich eine kleine Auszeichnung erhielt, ließ ich mich von ihm in einer Mischung aus Stolz und argwöhnischer Vorsicht zur Preisverleihung ins Wiesbadener Staatstheater fahren. Er war begeistert vom staatstragenden Ablauf der Matinee: die funkelnden Kronleuchter! Das vornehme Opernpublikum! Die Tatsache, dass der Hessische Kultusminister Wolfgang Gerhardt von seiner FDP den Preisträgern, unter anderem mir, die Urkunden überreichte, versetzte ihn in Hochstimmung.

»Also so etwas!«, sagte er ungläubig während der Fahrt zurück nach Frankfurt. »Das war ja eine dolle Sache.« Doch statt – worauf ich noch immer wartete – über den Anlass der Auszeichnung zu sprechen, die Geschichte eines jungen Mannes, der sein Zuhause flieht, um die rätselhaften Vorgänge darin vom Haus gegenüber zu beobachten; statt meiner Aufforderung, den vorgehaltenen Spiegel zu erkennen und womöglich ein offenes Gespräch über uns und die Zustände in unserer Familie zu beginnen, schwärmte er von einem Konzert in der Frankfurter Alten Oper, damals, als er plötzlich Helmut Kohl im Foyer erblickte. Durch den Ring aus Personenschützern, erzählte er, war es ihm gelungen, dem wichtigsten Mann im Staate und seiner Gattin so nah zu kommen, dass seine Hand den Pelzmantel Hannelore Kohls streifte. Während er nicht aufhörte, von Hannelore Kohl und der beeindruckenden Weichheit ihres Pelzmantels zu sprechen, konnte ich mich des Eindrucks nicht erwehren, von ihm bestohlen worden zu sein. Stumm blickte ich aus dem Fenster.

Er brachte mich zum Hauptbahnhof und verabschiedete mich auf dem Bahnsteig nach Kassel, wo ich kürzlich ein Studium begonnen hatte. Er war noch immer in Hochstimmung, und während ich den Zug bestieg, spürte ich seinen stolzen Blick im Rücken. Ich wandte mich um; als der Wagen anfuhr, hob ich zum Abschied die Hand. Endlich hatte ich begriffen, dass ich aufhören musste, mehr von ihm zu erwarten, als er mir zu geben bereit oder in der Lage war.

Erst später verstand ich, wie tief seine Verzweiflung in den Jahren nach der Trennung von meiner Mutter gewesen war; er hatte viel von sich gesprochen, mir aber seine damaligen *suizidalen Anwandlungen* erst lange danach offenbart. Wie muss es für ihn gewesen sein, wenn wir an einem Fenstertisch bei Mövenpick an der Alter Oper saßen? Eben noch hatte ich ihm offenherzig eine Mappe mit eigenen Fotos präsentiert, im nächsten Moment versank ich in feindlichem Brüten oder lächelte distanziert, als bereite es mir Freude, jede seiner Ungeschicklichkeiten auf meiner inneren Liste seiner Verfehlungen zu vermerken. Er saß mir gegenüber, konnte nicht aufhören zu reden und doch nicht verhindern, dass die Kluft zwischen uns größer wurde und ich längst dabei war, in eine Welt zu verschwinden, zu der er kaum noch Zugang fand.

Dass andere ihn auch anders sahen, bemerkte ich, als er einige Jahre darauf nach Berlin kam – ich war inzwischen an die Freie Universität in Dahlem gewechselt – und mich in meiner Charlottenburger Wohngemeinschaft besuchte. Vom Balkon sahen mein Mitbewohner und ich ihn auf der anderen Straßenseite parken und aus dem Wagen steigen. Er grüßte uns gutgelaunt, dann begann er sich neben dem Auto umzuziehen. Er zog die Hose aus, stand seelenruhig in Hemd und Unterhose an der Kaiserin-Augusta-Allee, bevor er in eine frisch gewaschene Jeans schlüpfte. Während ich vor Scham kein Wort herausbrachte, sagte mein Mitbewohner belustigt: »Ist doch cool. Dein Vater macht, was er will!« Zu der Zeit arbeitete ich neben dem Studium als Barmann im Café des Literaturhauses, und als er einige Tage später auch dort vorbeikam und, bevor er zur Vorstellung ins Schiller-Theater aufbrach, bei mir am Tresen saß, fragte mich danach eine der Kellnerinnen erstaunt: »*Das* war dein Vater?«

»Wieso?«, gab ich alarmiert zurück.

Sie nickte anerkennend. »So jugendlich! Solche Männer mag ich.«

Ja, er war noch jung, Mitte fünfzig erst, ungebunden, und seit kurzem selbstständiger Unternehmensberater. Er half Hotelketten, aber auch Familienunternehmen *mit den Zahlen* und tat sich für größere Aufträge mit Beraterteams zusammen. Und er nahm die Reisen in ferne Länder wieder auf, besuchte China, die Galapagos-Inseln, reiste durch Bolivien und Ecuador. »Diese Reisen kann mir niemand mehr nehmen«, sagte er zufrieden, als litte er noch immer unter der Kinderangst, alles zu verlieren.

Über Kontaktannoncen lernte er Frauen kennen, geschieden, getrennt oder verwitwet, mit Interesse für Theater, Oper und Ausflüge in die Natur, hoffte auf einen Neuanfang, eine Zukunft zu zweit. Zu einer Juristin in Freiburg entspann sich eine längere Beziehung, er war euphorisch, rief mich hin und wieder an, bevor er ins Auto stieg. »Ich fahre jetzt nach Freiburg! Vielleicht gehen wir wandern im Schwarzwald oder schaffen es endlich ins Museum Tinguely nach Basel.« Seine tiefe Enttäuschung, vor allem über sich selbst, als diese Verbindung auseinanderbrach. Mit einer Therapeutin aus dem Rheinland blieb er länger zusammen, obwohl er unablässig zweifelte, ob »das alles eine Perspektive hat«. Er krittelte an ihr herum, beendete die Beziehung, trauerte ihr dann hinterher. »Ich weiß nicht, was mit mir los ist«, sagte er, untröstlich darüber, sich »die Suppe mal wieder selbst eingebrockt zu haben«.

Als mein Bruder, er hatte soeben das Physikum bestanden, seinen ersten Zusammenbruch erlitt und mein Vater ihn über Monate regelmäßig in einer psychiatrischen Klinik im Taunus besuchte, begann auch mein Vater mit einem Psychologen zu sprechen. Nach wenigen Sitzungen brach er die Behandlung ab. Kaum hatte er im Sessel Platz genommen, war er in Tränen ausgebrochen und hatte nicht aufhören können zu weinen. Wie hätte er – der bei Erwähnung seiner Eltern noch immer in sprachloses Wutfletschen geriet – sich auch dem Sturm seiner Emotionen aussetzen können, ohne in Angst zu geraten, an ihnen zu zerbrechen?

Während ich mich frage, ob Sätze wie der obige über den Vater erlaubt sind, sehe ich ihn vor dem Hochhaus in Frankfurt Sachsenhausen stehen. Er trägt den beigen Ledertrenchcoat zugeschnürt, seine Augen sind zu Schlitzen verengt. Begann damals seine *Einigelung*, das zurückgezogene Leben als Alleinmensch, der aus Scham über *sein Chaos* kaum jemanden in die eigene Wohnung und allzu nah an sich heranließ? Vielleicht. Begann aber nicht ebenfalls ein spätes Glück des Allein-doch-unter-Menschen-Seins? Längst knüpfte er an einem neuen, weitmaschigeren sozialen Netz, das seiner Sehnsucht nach Austausch und der Angst vor zu viel Nähe entsprach. Mit den alten Hamburger Freunden unternahm er seit jeher regelmäßige Reisen in deutsche Städte; nun kamen die jährlichen Treffen und Ausflüge mit den ehemaligen Klassenkameraden aus dem Friedenauer Rheingau-Gymnasium hinzu, nach Bremerhaven, zu Gutenberg nach Mainz oder ins fränkische Ansbach.

Und jetzt sehe ich ihn die Terrasse des Kempinski-Hotels in Frankfurt Gravenbruch betreten und an *seinem Tisch* stundenlang Artikel für *die Lebensmittelzeitung* schreiben oder an einer Szene über seine Kriegskindheit laborieren. Ich sehe ihn im Bus auf einer Serpentinenstraße durch den Taunus im intensiven Austausch mit einem Sitznachbarn, mitgerissen von der unerwarteten Augenblicksoffenheit. Ich sehe ihn am Tisch mit einem seiner Mieter, einem vietnamesischen Restaurantbesitzer, dem er bei der Steuererklärung hilft. »Mensch, Sie müssen Ihr

Deutsch verbessern!«, ruft er, während er für den dankbar lächelnden Mann die Formulare ausfüllt.

Und nun sehe ich uns beide, der Vater hinter dem Sohn, auf einem klapprigen Motorroller über die bewaldeten Hügel Äginas brausen. Während meines griechischen Jahres hatte er meine Mutter und meinen Bruder in Athen besucht und war bei dieser Gelegenheit auch zu mir auf die Insel gekommen. Wir besichtigten den Aphaia-Tempel, von dem der Blick auf die Küste Attikas bis nach Kap Soúnion reicht. Ich zeigte ihm das verlassene Kapellendorf im Landesinneren und das heruntergekommene Agia Marína mit dem spektakulär verrotteten Rohbau einer nie fertiggestellten Bettenburg. Am späten Nachmittag kehrten wir in dem Fischerdörfchen Pérdika ein. Er staunte über alles, was er sah: über den zum Trocknen an einer Wäscheleine hängenden Oktopus, über den die Wand seines Lokals weißelnden Ladenbesitzer, über die schaukelnden Boote am Kai und die Scherenschnittberge der Peloponnes am Horizont. Mir fiel auf, dass er wie ein zufriedener Grieche gleich drei Stühle in Beschlag nahm. Einen Wanderschuh hatte er auf die Strebe des zweiten gestützt, sein Arm im aufgekrempelten Ärmel des Holzfällerhemds lag auf der Rückenlehne eines weiteren.

»Damals habe ich die Schönheit Griechenlands nie richtig wahrnehmen können«, sagte er unvermittelt, während er verfolgte, wie eines der Kaíkis schaukelnd den Hafen verließ und auf die kleine Insel Moní gegenüber zusteuerte. Ich schwieg. Ich wusste nicht, ob er über *damals* sprechen wollte, über die Zeit, als seine Ehe auseinanderbrach, oder nur seiner gegenwärtigen Überwältigung Ausdruck verleihen. Er blickte noch immer zum bewaldeten Berg auf Moní hinüber, wo die Rehe aus den Pinien bis an die Strände kommen und die Pfauen so zutraulich sind, dass sie zwischen den Sonnenliegen herumstolzieren. »Dass ich mich die ganzen Jahre geweigert habe, Griechisch zu lernen – das sagt doch eigentlich alles.«

Er wandte sich um, lächelte plötzlich, als führte er etwas im Schilde.

»Ich habe nachgesehen«, sagte er. »Es gibt genau hundertdreizehn bewohnte griechische Inseln. Und ich habe mir vorgenommen, sie alle zu bereisen.«

III

Nach dem Tod ihrer Großmutter benutzte meine Frau lange den kleinen Metallquirl, mit dem die Großmutter die Kohlensäure aus dem Mineralwasser geschlagen hatte. Jahre später, nach dem Tod einer älteren Freundin, kaufte sie eine Kaffeemühle und mahlte jeden Morgen unseren Kaffee, weil die Verstorbene zu Lebzeiten nach dem Aufstehen als Erstes ihre Kaffeebohnen zerkleinert hatte. Gedenken ohne Worte. Erinnernder Abschied durch Wiederholung von Handgriffen und Gewohnheiten. Ist es nicht so, als würde man dabei in die Leerform hineinschlüpfen, die der Verstorbene hinterlassen hat?

Ich hatte das Bedürfnis, Wege des Vaters in seinem Namen zu gehen, in Griechenland, dort, wo er in den letzten Jahren seines Lebens vielleicht am glücklichsten gewesen war. Dabei schwebte mir nichts Bestimmtes vor, ich hatte keine drängenden Fragen, deren Klärung ich mir erhoffte; ich wollte mich nur auf seine Spur begeben.

Schon einmal war ich auf seinen Wegen gegangen, hier in seiner Heimatstadt, vor fünfundzwanzig Jahren und ganz ohne Vorsatz. Im Gegenteil, damals wollte ich alles Familiäre hinter mir lassen, mich selbst neu erfinden und wie viele andere ins gegenwartsberauschte Mitte oder auf den Prenzlauer Berg ziehen, dorthin, wo das Berlin der Neunzigerjahre mal wieder damit beschäftigt war, immerfort zu werden. Vergeblich suchte ich monatelang nach einer passenden Wohnung, bis ich schließlich auf den Vorschlag einer Maklerin hin eine ruhig gelegene Altbauwohnung mit honiggelben Holzdielen im Bezirk Tiergarten besichtigte und mietete. Sie lag nur einen Steinwurf von der Beusselstraße 44 entfernt, dem Ort, an dem mein Vater als Kind gelebt und die Ausbombung erlebt hatte und wo heute ein unauffälliges Mietshaus aus den Fünfzigerjahren steht. Der Zufall (oder welche Lebensmechanik auch immer) hatte mich an den familienhistorischen Glutkern, an den Traumaort des Vaters zurückgeführt. Über Jahre ging ich damals auf alten Familienwegen, als würde ich nach langer Zeit das lose Ende eines abgerissenen Fadens aufnehmen.

Das griechische Verb κολλώ bedeutet kleben. Κολλώ oder umgangssprachlich κολλάω: Ich klebe, auch im Sinne von: Ich verbeiße mich, stecke fest, ich steigere mich hinein ... Μην κολλάς: Verkleb dich nicht. Erstarre nicht in Feindschaft, Wut oder anderen Zuständen von Ohnmacht und Hilflosigkeit. Klebe nicht zu sehr an den Erscheinungen der Außenwelt, an Menschen, Dingen, deinen Urteilen und den immer gleichen Erinnerungen.

Μην κολλάς, ρε!

Verkleb dich nicht, verdammt!

Athen im Hochsommer. Mit meinem Bruder stieg ich zum Restaurant Dionysos am Fuße des Hügels Philoppápou hinauf, das mein Vater so gemocht hatte. Es war heiß und so grell, dass der Himmel seine Farben verloren hatte. Schweigend ging mein Bruder vor mir, der holprige Fußweg war so schmal, dass nur eine Person auf ihm Platz fand. Obwohl wir uns in der Nähe der Touristenströme bewegten, war es still wie auf einer Insel.

Das Athen der Fünfzigerjahre wird die Gegend auch genannt, da sich in den Vierteln Koukáki und Ano Petrálona noch einige Stadthäuser mit quadratischen Gärten zwischen den gesichtslosen Mehrfamilienhäusern, den sogenannten Polikatikoíes, erhalten haben. Es gibt einen berühmten Film mit Melina Merkouri aus dieser Zeit. *Stella* ist eine freiheitsliebende Rembétiko-Sängerin aus Piräus, die sich weigert, für einen Mann ihre Unabhängigkeit aufzugeben. Am Ende wird sie von einem besitzergreifenden Geliebten erstochen, weil sie nicht zur Hochzeit erscheint. Aus solch einer traditionellen Nachkriegsgesellschaft war meine Mutter Ende der Fünfzigerjahre aufgebrochen – und ein halbes Jahrhundert später mit ihrem jüngeren Sohn zurückgekehrt. Jahrzehnte nach ihrem Ehekrieg und der Trennung war ihr mein Vater zu einem brüderlichen Gefährten geworden, den sie bei seinen Besuchen im Gästezimmer beherbergte. Wenn ich aus Berlin mit ihnen telefonierte, hörte ich beides: seine überschwängliche Freude und ihre Milde und unterschwellige Ungeduld, die seine raumgreifende Aufgekratztheit fast zwangsläufig im Gegenüber weckt.

Als wir den Eingang des Restaurants erreichten, waren nur wenige Tische besetzt. Wir setzten uns in den Schatten eines riesigen Sonnenschirms, sofort kam ein Kellner mit weißen Handschuhen und goss Eiswasser aus einer Glaskaraffe in bereitstehende Gläser. Unter uns erstreckte sich das graue Athen bis zu den kahlen Hügeln am westlichen Horizont. Im endlosen Häuserteppich funkelten Tausende Photovoltaikanlagen wie eingewirkte Steine auf den Dächern. Gegenüber, auf dem Hügel der Akropolis, zog sich der Ameisenzug der Touristen den steinernen Weg zu den Propyläen hinauf.

Ich stellte mir vor, wie mein Vater hier gesessen und ευχαριστώ, danke, zu einem der Kellner gesagt hatte, die letzte Silbe stark wie eine Frage betonend; wie er Zucker in den Kaffee gerührt und sich vor dem ersten Schluck mit einem behaglichen *Ahh!* zurückgelehnt hatte. Ich dachte an den schattigen Frankfurter Südfriedhof und die junge Birke, unter der sich seine Grabstelle befindet. Mein Bruder kannte den Grabstein nur von Fotos, hatte alles, was das Sterben des Vaters und die Auflösung seines Hausstandes betraf, nur aus der Ferne verfolgt. Wenige Monate vor seinem Tod, fiel mir ein, war mein Vater das letzte Mal nach Griechenland gekommen – hatten sie damals auch gemeinsam hier im Dionysos gesessen?

Mein Bruder hatte unseren Vater immer mit einer erstaunlichen Leichtigkeit betrachtet und, anders als ich, auch in seiner Jugend selten die Auseinandersetzung mit ihm gesucht. »Ach, ich nehme ihn nicht so ernst«, hatte er mal pragmatisch zu mir gesagt. »Und die Telefongespräche mit ihm sind immer sehr lustig.« Seit Jahrzehnten, seit dem Ausbruch seiner Krankheit, hatten wir unseren Vater so gut wie nie zusammen erlebt; während ich ihn in Berlin traf, sahen sich die beiden in Frankfurt und später in Athen. Auch unser gemeinsames Sprechen über den Vater schien seit einer Ewigkeit wie eingefroren. Manchmal hatten wir uns mit sanfter Ironie darüber amüsiert, dass er meinen Bruder noch mit über dreißig dafür rügte, keinen Kamm mit sich zu führen, oder mein Bruder hatte lachend von einer Szene aus unserer Kindheit erzählt, von einem Streit zwischen unseren Eltern oder einem gemeinsamen Ausflug in den Odenwald, die ihm in aller Deutlichkeit vor Augen standen, während ich mich nicht erinnern konnte. Auch sein Tod hatte daran kaum etwas geändert. Von sich aus kam mein Bruder nicht auf ihn zu sprechen; sobald ich es tat, unterstrich er immer wieder, dass unser Vater in Griechenland wie ausgewechselt und stets guter Laune gewesen sei – als habe er Angst vor meiner Sicht der Dinge und wolle vorsorglich das Andenken des Vaters vor mir in Schutz nehmen.

»Bist du eigentlich mal mit Papa gewandert?«, fragte ich, nachdem wir eine Weile schweigend über die Stadt geblickt hatten.

»Natürlich. Oft sogar«, rief er, als müsste er die leichte Apathie, in die ihn die Medikamente versetzten, mit erhöhter Lautstärke überwinden. »Manchmal habe ich ihn für einen Tag auf eine Insel begleitet. Auf Hydra sind wir die Eselspfade abgelaufen. Und als ich damals in den Kliniken im Taunus war, hat er mich jedes Wochenende abgeholt, und wir sind auf den Fuchstanz oder den Feldberg gegangen. Das war immer eine schöne Abwechslung.«

Für einen Moment sah ich die beiden einen abschüssigen Forstweg entlangspazieren und dabei über Hans-Dietrich Genscher und den Untergang der FDP unter Möllemann scherzen. Wahrscheinlich drängte es mich, mit den Vater-Wanderungen eine Gewohnheit aus meiner Kindheit wieder aufzunehmen, eine Gewohnheit, die mein Bruder nie aufgegeben hatte.

»Willst du nicht mitkommen nach Naxos?«, fragte ich. »Dann gehen wir gemeinsam.«

»Nein«, rief er, erschrocken von der Vorstellung, Athen länger als einen Tag zu verlassen, bevor seine Stimme wieder die lapidare Heiterkeit annahm, die jedes Thema, ob ernst oder nicht, in eine harmlose Ferne rückte. »Ich will nicht Abschied nehmen. Für mich ist es, als könne Papa noch immer jeden Moment anrufen und sagen: ›Wo bleibst du denn, wir wollten doch zu Dionysos!‹ So soll es bleiben.«

Naxos. Insel des Lichts und des Marmors. Insel mit der höchsten Erhebung der Kykladen. Tausend und vier Meter ragt der Zas (Zeus) als nackter Kegel im Landesinneren in den ausgewaschenen Himmel. Der Sage nach soll der höchste aller Götter in einer Höhle unterhalb des Gipfels das Licht der Welt erblickt und die ersten Jahre seiner Kindheit verbracht haben. Der Berg Zas sorgt als »Wolkensammler« noch immer für regelmäßigen Regen auf der Insel und dafür, dass Naxos zu den grünsten Eilanden der Kykladen gehört.

Auf der mehrseitigen Liste der erwanderten Inseln meines Vaters ist Naxos mit der Nummer 14 verzeichnet. 2010 verbrachte er sechs Nächte hier und gab pro Tag im Durchschnitt 62 Euro aus. Der Name seiner Unterkunft ist nicht aufgeführt. Er buche, hatte er mir mal erzählt, ohnehin nie von Deutschland aus, sondern lasse es, wie studentische Insel-Hopper, *drauf ankommen*. Das war ja schon eines der Vergnügen! Im Bauch der Fähre bei ohrenbetäubendem Sirenengeheul das Öffnen der Ladeklappe erwarten, mit dem Fußvolk noch vor den Autos vom grün lackierten Eisen auf den Inselboden treten und sich in den Werbungsrufen der ungeduldig wartenden Zimmeranbieter das beste Schnäppchen heraussuchen. Sein Ehrgeiz: den Preis knallhart

runterhandeln und am Ende des Aufenthaltes von der Zimmer-
wirtin dennoch mit den Worten »Komm bald wieder!« verabschiedet werden. Seine zweite Inselfreude: Trampen wie mit
sechzehn. Zu Fuß hinaus aus dem Dorf oder dem Inselstädt-
chen, bis auch die obligatorische Tankstelle hinter einem liegt,
und dann: Daumen raus und los!

Wir hatten übers Internet eine Unterkunft in der Nähe der Haupt-
stadt gebucht und uns bei der Ankunft auf der Insel ein Auto ge-
liehen. Die ersten Tage verbrachte ich mit der Familie am Strand,
bevor ich am dritten Tag im Morgengrauen aufstand, meine Frau
und das Kind schliefen noch, und Notizbuch und Aufnahmegerät in den kleinen Rucksack packte. Doch während ich durch
die menschenleere Feriensiedlung rollte, erschien mir mein Vorhaben, Gehen, Erinnern und Schreiben miteinander zu verschrän-
ken, mit einem Mal als anmaßende, geradezu gefährliche Idee.
Als ob das Gedächtnis wie eine Maschine auf Knopfdruck an-
spränge. Was, wenn sich keine Erinnerungen mehr einstellten,
wenn das Vergessen schon zu weit fortgeschritten war? Vor allem fürchtete ich mich plötzlich vor dem Wechsel der Sphären,
vor dem Übergang vom Urlaubsalltag in die besondere Wahrnehmungsweise und angespannte Erwartungshaltung, in der man
selbst zur Figur wird und alles, was *ab jetzt* geschieht, Teil einer
Geschichte sein sollte. Während ich an einer hohen, im Morgen-
wind raschelnden Maiswand entlangfuhr, war mir, als würde ich
geradewegs aus der Wirklichkeit in den gespenstisch überdeutli-
chen und zugleich zwielichtigen Raum der Fiktion hineinfahren.
Erst als die letzten Rohbauten hinter mir lagen und die Straße
in ansteigenden Serpentinen durch Getreidefelder, Olivenplan-

tagen und karstige Ebenen auf die höchsten Inselgipfel zustrebte, fiel die Angst von mir ab, und in unerwartet aufschießender Vorfreude drückte ich – wie der Vater – beim Lenken die Arme durch und presste den Rücken in die ausgeleierte Lehne des Sitzes.

Ich wollte mit einer Rundwanderung aus einem Bergdorf beginnen, bevor ich am kommenden Tag den von meinem Vater erwanderten Zas besteigen würde. Als ich um halb sieben nach Chálki kam, wirkte das Dorf wie verlassen. Die Fensterläden der Häuser waren geschlossen, und die Stühle vor den Tavernen aufgestapelt wie in der Nachsaison. Ein einziger alter Mann saß bei der Kirche und beobachtete das näher kommende Auto neugierig, als müsse er jeden, der so früh unterwegs war, kennen. Ich parkte am Ortsausgang und fand ein winziges, schon geöffnetes Café, in dem ich bei einer verschlafenen jungen Frau Kaffee und eine Tirópita bestellte – vier Stunden sollte die Wanderung laut Beschreibung dauern.

Nach Minuten, in denen nur das Brummen des Kühlregals zu hören war, kam ein Feuerwehrwagen von den Bergen her ins Dorf und wendete auf dem Platz vor dem Café. Eine Handvoll Feuerwehrleute stieg aus und verstreute sich, leise Grüße murmelnd, in den Gassen; nur einer schleppte sein Gepäck – Isomatte und Schlafsack – zur Caféterrasse und sank auf einen Stuhl. Als hätte sie ihn erwartet, stellte die junge Frau einen Frappé vor ihn hin.

»Και;«, und?, fragte sie. »Όλα καλά«, alles in Ordnung, sagte er. Die Hand auf der Lehne seines Stuhls, blieb sie einen Moment stehen, bevor sie wortlos ins Café zurückging. Kurz darauf schlenderte ein Kollege zur neuen Schicht heran und grüßte mit der guten Laune des Frühaufstehers; weitere Feuerwehrmänner stellten sich ein, dann war der Wagen mit neuer Mannschaft wieder abgefahren – ein griechischer Gassenhauer schallte aus den offenen Fenstern, als der Fahrer vom Gas ging und in den höheren Gang schaltete. Erneut versank der Platz in Stille. Die Frau stand schweigend in der Tür, der Feuerwehrmann saß einfach da, nicht einmal den Kaffee rührte er an.

Nach seinen Reisen hatte mein Vater mir begeistert Fotos von Urlaubsbekanntschaften gezeigt. Dem einen hatte er am Segelboot geholfen, mit der anderen war er ein Stück gegangen; der Dritte hatte ihm eine Nacht in seiner Taverne angeboten, als er Ende Oktober auf einem winzigen Eiland mal kein Zimmer mehr fand. Die flüchtige Herzlichkeit dieser Begegnungen schien ihn zu faszinieren, das Gefühl von Zugehörigkeit, das einen besonders auf kleinen Inseln befallen kann. Viel zu kurz, um von Erwartungen und anderen Missverständnissen vergiftet zu werden, waren diese Begegnungen doch lang genug, um danach als Freunde auseinanderzugehen.

Jetzt war ich der Vater. Jetzt stand ich auf, ging zum Feuerwehrmann und suchte das Gespräch.

Nein, sagte er, es habe nicht gebrannt, zum Glück nicht, doch die Waldbrandgefahr werde mit den angekündigten Winden jeden Tag größer. Ohne Unterlass beobachteten sie deshalb von drei Aussichtspunkten jeden Fleck der Insel. Eine Schicht dauere vierundzwanzig Stunden. Er trinke nach jeder halb durchwachten Nacht hier seinen Morgenkaffee, bevor er zum Schlafen nach Hause gehe. »Να είσαι καλά«, es möge dir gutgehen, sagte er, als ich aufstand, weil sein Telefon auf dem Tisch vibrierte. Die Stimme seiner Mutter war laut. Sie fragte, wie seine

Nacht στα βουνά, in den Bergen, verlaufen sei, und teilte ihm mit, dass sie in Kürze das Haus verlasse, um in den Gottesdienst zu gehen. Ich brach auf. Es geschieht immer etwas, selbst wenn kaum etwas passiert.

Der Weg führte an verbarrikadierten Läden und Tavernen über eine Gasse gen Norden aus dem Dorf hinaus. Hinter den letzten Häusern wurde aus dem glattsteinigen Boden mit der pittoresken Randbemalung ein von niedrigen Mäuerchen gesäumter Feldsteinweg, der vermutlich seit Jahrhunderten für Eselstransporte diente. Gärten mit Feigen und Mirabellenbäumen; Schwärme von Fliegen umschwirrten auf dem Weg faulende Früchte. Hell leuchtete das Stroh unter den Olivenbäumen eines Hains, bis die dichten Kronen von Korkeichen am Wegesrand den Pfad in einen Hohlweg verwandelten. In kurzen, schnellen Schlägen begannen Kirchenglocken zu schlagen; mal schien der Klang von vorn, dann wieder von hinten zu kommen. Als ich nach einer halben Stunde das Ende des natürlichen Tunnels erreichte, lag das Dorf mit seinen zusammengewürfelten Häusern tief unter mir. Oben im bewaldeten Hang waren die winzigen Häuser von Moní zu sehen. Es war halb neun und die Morgenkühle einer erträglichen Wärme gewichen; nur die sporadisch aufkommenden Windböen vermittelten schon eine Ahnung von der Gluthitze des nahenden Mittags.

Wieso sind mein Vater und ich eigentlich so selten zusammen gegangen? Ein einziger gemeinsamer Schneespaziergang im Taunus fiel mir ein, so lange zurückliegend, dass ich nicht mal mehr wusste, ob ich damals noch zur Schule gegangen war. Auch in Berlin, wo er – schon Großvater – gern durch den Grunewald marschierte, gingen wir nie zu zweit, saßen stattdessen in Cafés, Restaurants oder in Theatern. Für mich blieb das Wandern lange Zeit seine Sache; es dauerte Jahrzehnte, bis ich mir gegen den tief sitzenden Abgrenzungswunsch und die Überzeugung, nicht wie er zu sein, die Freude am Gehen eingestehen konnte. Und nun plante ich selbst mehrtägige Hüttentouren in der Schweiz und sicherte die Tochter vor einer ausgesetzten Stelle am Seil, so wie er mich damals gesichert hatte. Natürlich war ich wie er. Nicht nur erkannte ich immer öfter seine Züge im eigenen Spiegelbild (und wurde besonders bei schnellen, unbedachten Blicken von der Ähnlichkeit überrascht). Vollführte ich im Schreck nicht auch ähnlich ruckartige Bewegungen, floh vor den eigenen vier Wänden ins Café oder geriet viel zu schnell – ein Funken genügte – in Rage? »Ich habe noch nie *keine* Angst vor dir gehabt«, hatte meine Tochter mal gesagt, als wir uns nach einem Streit wieder vertragen hatten und ich sie fragte, ob sie sich manchmal vor mir fürchte.

Tief in Gedanken bemerkte ich kaum, dass der Weg, anstatt in die Höhe zu führen, seit Längerem steil abfiel und inzwischen am Rand eines ausgetrockneten Flussbetts entlangführte. Auch ging ich nicht mehr in der Sonne, sondern in schattiger Kühle. Vage erinnerte ich mich, eine Streckenmarkierung passiert zu haben, und setzte den Weg fort, obwohl das Gestrüpp immer dichter wurde. Bald füllten Felsbrocken und ganze Bäume die Senke. Der Weg am Rand war immer wieder versperrt, und ich nahm die Hände zu Hilfe, um im abschüssigen Gelände nicht den Halt zu verlieren. Dann ging es nicht weiter. Plötzlich stand ich vor einem Maschendrahtzaun, der wie eine unerwartete Wand inmitten des Urwalds das Flussbett durchschnitt. Weder

Gatter noch ein Schild waren zu entdecken, aber ein Trampelpfad führte am Zaun entlang, also folgte ich ihm, hangelte mich an Ästen eine Steigung hinauf und stand fünf Minuten später in einer steil ansteigenden Wiese zwischen wilden Pistazienbäumen bis zum Bauch in schneidendem Gras. Oberhalb des Pistazienhangs war nichts zu sehen als undurchdringliches Gebüsch. Ich lauschte bewegungslos und hörte doch nichts als den eigenen Atem und das Sirren von Insekten. Inzwischen war es so heiß, als wäre die Zeit, während ich durchs Bachbett gestolpert war, mit doppelter Geschwindigkeit verstrichen. Welchen Abzweig hatte ich übersehen, in welchem Moment nicht aufgepasst? Aus Angst, im tiefen Gestrüpp auf eine Schlange zu treten, kehrte ich um und schlug mich querfeldein den Abhang hinunter, bis ich zu den Überresten der Wassermühle gelangte, die ich vor einer Ewigkeit hinter mir gelassen hatte. Ich war im Kreis gelaufen. Ungläubig sank ich auf einen Felsen und leerte eine Flasche Wasser. Beim zweiten Versuch achtete ich Schritt für Schritt auf übersehene Wegmarken oder versteckte Pfade – Eidechsen huschten über bemooste Felsen, im Licht tanzten Falter, als wollten sie mich verhöhnen, denn nach kurzer Zeit stand ich wieder vor dem ominösen Zaun. Was war hier los? Wie konnte ich, statt auf dem angepriesenen »Traumpfad« im Niemandsland eines abgesperrten Bachbetts landen?

Lange saß ich auf dem Stamm einer entwurzelten Kiefer, bevor ich es erneut probierte.

Es war zehn, als ich die Schlucht über die gegenüberliegende Seite schließlich hinter mir ließ (ich hatte tatsächlich eine Markierung übersehen) und unterhalb des Dörfchens Moní die gedrungene Kapelle Panagiá Drosianí, die Frische Allheilige, erreichte. Der Altarraum mit den drei Apsiden stammt aus dem vierten Jahrhundert und enthält die ältesten Fresken des Balkans – als ich die Kirche betreten wollte, war die Tür verschlossen. Ich umrundete das Gebäude und entdeckte einen Friedhof mit den typischen Marmorgrabstätten und den Fotos der Verstorbenen in den Schreinen. Bevor ich den Kirchhof verließ, wusch ich mir Hände und Gesicht in einem winzigen Marmorbecken.

Auch in Moní herrschte Sonntagsstille. An einem Platz mit einer Platane saßen zwei Mädchen auf einer Mauer.

»Hast du etwa Angst?«, fragte die eine.

»Ja«, antwortete die andere ruhig.

In der Gasse dahinter bevölkerten einige Frauen den Eingang zu einer Kirche, lauschten den liturgischen Gesängen aus ihrem Inneren und schlugen an den vorgesehenen Stellen synchron das Kreuz. Der Gottesdienst hatte kurz nach meinem Aufbruch begonnen und dauerte jetzt, Stunden später, noch immer an.

Etwas weiter winkte mich eine hutzelige Frau durch eine niedrige Tür in ein Gewölbe, das sich als Werkstatt entpuppte. Um eine altertümliche Webmaschine herum türmten sich Taschen und Decken, die sie offenbar alle selbst hergestellt hatte. Ohne zu fragen, setzte sie sich an die Maschine und zeigte mir die Handgriffe und Abläufe des aufwändigen Vorgangs. Ich kaufte zwei Geldtaschen mit Reißverschluss, eine für meine Frau, eine für die Tochter, und fragte, wie lange sie daran gewebt habe.

Zwei Tage, sagte sie. Als sie statt des gebräuchlichen »δύο μέρες« die ehrwürdigere Version »δύο Ημέρες« (etwa der Tage zwei) verwendete, reagierte ich so bewegt, dass sie überrascht nach meiner Hand griff.

Mein Vater, Robert, der Ungreifbare. Die tägliche Hinwendung über ein ganzes Jahr – und mit jeder neu erschriebenen Nähe verlor er weiter an Kontur.

An jenem Nachmittag starb eine Frau am Strand, als wir nur wenige Meter entfernt im Schatten von Bastschirmen dösten. Aufgeschreckt von einer ungewöhnlichen Stille um uns herum, blickten wir hoch und entdeckten einen Ring von Helfern um eine leblos am Boden Liegende. Ein Mann kniete im Sand und hörte nicht auf, das Herz des bereits totengrauen Körpers zu massieren. Ein älterer Herr saß schluchzend auf einer Sonnenliege, umarmt und getröstet von zwei Frauen in Badekleidung. Wir und die anderen Untätigen in der Nähe waren wie paralysiert, schwiegen oder flüsterten leise miteinander, während ausgelassenes Kindergeschrei und das Tock-tock-tock zweier Beachtennisspieler im Hintergrund nicht nachlassen wollte. Der Krankenwagen erschien nach einer Ewigkeit; als der Sanitäter die Farbe der Toten sah, zog er die Trage gemächlich aus dem Heck, als sei ohnehin nichts mehr zu machen. Wenige Minuten später erinnerten nur die noch immer leise und wie mit Verzögerung gesprochenen Worte der Umsitzenden an den Vorfall. Meine Frau stand auf und ging fort; als sie zurückkam, legte sie einen aus Efeu geflochtenen Kranz an die Stelle im Sand, an der die unbekannte Touristin gestorben war.

Hätte ich meinen Vater retten können, wenn ich ihn damals zum Eingriff in die Frankfurter Uniklinik begleitet hätte? Plötzlich war die lange vergessene Frage des Anfangs wieder da. Hätte meine Anwesenheit seine Aufregung gemildert und also die tödliche Hirnblutung verhindert? Die Frage löste mittlerweile weder Schuldgefühl noch Reue aus. Sie stand nur da, für immer unbeantwortet.

Ich sehnte mich nach dem Gehen in der Hitze und brach am nächsten Morgen erst nach sieben auf. Als ich den Wagen weit hinter dem Bergdorf Filóti am Ende einer Serpentinenstraße abstellte, stand die Sonne schon hoch am wolkenlosen Himmel. Die westliche Flanke des Zas ist karg und kaum bewachsen, und während ich auf einem Pfad zu einem schattigen Rastplatz an einer Quelle ging, begegnete ich keiner Menschenseele. Der eigentliche Aufstieg begann erst dort. Steil führte der Weg im engen Zickzack hinauf und verlor sich bald in lichtgrauem Fels. Geröll, nichts als Geröll, bis auf vereinzelte Sträucher in den karstigen Spalten.

Die Eintönigkeit war eine Labsal. Jedes Mal, wenn ich den Blick hob, rückte der zu beiden Seiten fast symmetrisch abfallende Berggipfel ein Stück weiter zurück, als entfernte mich meine Bemühung vom Ziel, anstatt mich ihm zu nähern. Auch diese Vorstellung löste tiefe Befriedigung aus. Die nackte Landschaft schien meinen Kopf zu leeren und jeden überflüssigen Gedanken aus dem Bewusstsein zu drängen.

Als ich im Schatten eines Felsvorsprungs nach der Wasserflasche kramte, fiel mir ein, was der Vater mir als Kind von einem Kamelritt in der ägyptischen Wüste erzählt hatte. Als die Gruppe die Oase erreichte, habe er gierig eine eiskalte Cola getrunken, sei von dem Zuckerwasser aber umso durstiger geworden. Lachend habe der Guide ihm daraufhin eine halbe Zitrone gereicht und ihm gezeigt, wie man an den Orten Durst löscht, an denen jeder Tropfen kostbar werden kann. Fast vergessene Sätze waren auch wieder da: *Beim Wandern immer beide Hände frei – um sich im Fall des Sturzes abfangen zu können,* und: *Für 400 Höhenmeter benötigt man eine Stunde.* Als fielen einem jene Ratschläge, die längst zu eigenen Losungen geworden waren, erst dann aus der Tiefe des Körpergedächtnisses zu, wenn man sie wie hilfreiches Werkzeug gebrauchen konnte.

Mit zusammengekniffenen Augen suchte ich in der Steinflanke über mir nach einem Krater. Irgendwo dort lag der Eingang zur Höhle des Zeus. Ich stieg weiter, nahm bei höheren Tritten immer öfter die Hände zu Hilfe. Wie lange war ich schon in der prallen Sonne unterwegs? Als ich das nächste Mal nach der Höhle Ausschau hielt, hörte ich ganz in der Nähe ein dumpfes Grollen, kurz darauf ein ohrenbetäubendes Rauschen wie von rutschendem Kies, dann sprang mir ein basketballgroßer Felsbrocken entgegen und hüpfte, nicht weit von mir entfernt, in weiten Sätzen den Hang hinunter. Ungläubig blickte ich ins Grau, war wie gelähmt, als immer weitere Steine den Berg herunterstürzten, bevor ich mich hinter einem Felsen vor der Gerölllawine in Sicherheit brachte.

Eine gute Stunde später begann ich den Aufstieg ein zweites Mal, nun über die wesentlich zugänglichere Ostseite. Bläulich schimmernde Wolfsmilchsträucher überzogen sanft ansteigende Hügel, das Netz aus Begrenzungsmauern im niedrigeren Gegenhang sah aus wie gezeichnet. Die Hitze hatte zugenommen, doch der Anblick vereinzelter Zypressen und menschlicher Hinterlassenschaften machten sie erträglich. Eine Weile genoss ich den Höhenweg, dann begann mich die Lieblichkeit zu stören. Ich wollte mich erneut verausgaben wie im Steilhang auf der anderen Seite. Das Grollen des Berges, die herabstürzenden Steine – all das erschien mir inzwischen unwirklich wie ein Tagtraum, doch ich vermisste den Zustand des Ausgesetztseins, die euphorische Gedankenleere, in die ich geraten war, und als könnte ich den Zustand wiederherstellen, begann ich schneller zu gehen. Der Weg führte zu einer Mauer, stieg dann entlang eines Zaunes bergan, bis die Sträucher von der Weite nackten Steins verdrängt wurden. Der Gipfel lag entfernt am Ende einer flach ansteigenden Granitzunge, doch von dort, wo ich war, konnte ich schon den Großteil der Insel übersehen, die Berge der Umgebung, Hochebenen, Täler und Felder in der Tiefe – bis zur hell gesäumten Küstenlinie und weit darüber hinaus über die Meeresenge zur Insel Paros reichte der Blick. Hinter mir, zum Südwesten hin, klebten die kleinen Kykladen wie eine Reihe kantiger Steine auf der unwirklich glatten Meeresfläche. Amorgós, wo ich vor zwei Jahrzehnten meinen ersten Roman begonnen hatte, war im Dunst nur zu erahnen.

Eine halbe Stunde später erreichte ich schweißüberströmt den Gipfel des Zas und balancierte am Rand des Gipfelplateaus über große, wie von einem Riesen hingewürfelte Felsquader. Im Meer tief unter mir und dennoch in allen Einzelheiten zu erkennen, zog eine Fähre eine Gischtschleppe hinter sich her. Wie so oft auf griechischen Inseln überwältigte mich der Eindruck, dass die See die Inseln miteinander verband, anstatt sie voneinander zu trennen, und zusammen mit dem Himmel *einen* Raum bildete, eine plastische Einheit, die in mir den heftigen Wunsch weckte, sie wie eine Landschaft in Siebenmeilenstiefeln zu durchmessen. Ich stand eine Weile, als ich hinter mir jemanden atmen hörte.

»Dass ich das noch erleben darf«, sagte mein Vater und streckte mir die Hand entgegen. Ohne nachzudenken, ergriff ich sie und half ihm über den Abgrund zwischen den Felsen zu mir an den Rand. Jetzt ist es also so weit, dachte ich, als seine Finger mit den rauen Kuppen für einen Moment meine umschlossen: Der Lebende begegnet dem Toten. Aus Angst, er würde verschwinden, brachte ich kein Wort heraus, erfasste aber wie in überklaren Schockmomenten seine gesamte Erscheinung mit einem Blick. Er trug ein Holzfällerhemd und die Kniebundhose aus waldgrünem Cord. Seine Waden steckten in dicken roten Wandersocken und die Füße in den ledernen Stiefeln, die er, Jahrzehnte lag das zurück, so oft auf der Kellertreppe unseres Hauses sitzend gewachst hatte. Sein Gesicht war von der Anstrengung gerötet, und wie auf unseren Alpenwanderungen damals hatte er sich einen Sonnenschutz gebastelt, indem er Knoten in die Ecken eines Stofftaschentuchs gebunden und sich das Gebilde über den Kopf gezogen hatte.

»Mein lieber Scholli!«, sagte er. »Du hast aber auch einen Schritt am Leib.«

Noch immer wagte ich nicht zu sprechen. Gemeinsam blickten wir vom Gipfelplateau über Landschaft und Meer. Aus den Augenwinkeln sah ich, dass er seine Hände lässig in den Hosentaschen versenkte (gegen die eigene Regel!). Als ich sicher war, dass er nicht verschwinden würde, betrachtete ich ihn länger. Die Knoten der improvisierten Kopfbedeckung saßen wie knubbelige Hörner in der faltenlosen Stirn. Ich sah die knöchernen Ausbuchten auf seiner sonnenverbrannten Nase und bemerkte zum ersten Mal die geplatzten Äderchen in seinen Wangen. Belustigt blickten seine blauen Augen mich an.

»Na«, sagte er, »bist ja doch noch mit mir auf den Gipfel gestiegen.«

Ich dachte an unsere Wanderung vor über vierzig Jahren, unsere Wanderung zu zweit, bei der ich mich unterhalb des Gipfels geweigert hatte weiterzugehen und er den damals im Streit zu ihm gesagten Satz – »Ich fahre *nie wieder* mit dir in den Urlaub!« – Monate, Jahre, ein halbes Leben?, nicht hatte vergessen können.

»Ja«, sagte ich nur.

Eine lange vergessene Freude stieg in mir auf, ein pulsierendes Kindheitsglück, das allein daher rührte, an seiner Seite zu sein. Er begann in einer Hosentasche zu kramen, und als er mir seine Hand entgegenhielt, lagen da ein Stück Schokolade in Stanniolpapier und zwei der Zuckertütchen, die wir damals in der Schweiz gesammelt hatten. Ein Tütchen zeigte den Umriss des Kantons Wallis, das andere den von Graubünden. Die Farben waren verblasst, sonst waren sie unbeschadet.

»Für dich. Kleine Wegzehrung«, sagte er.

»Danke.«

Wie Kostbarkeiten nahm ich die Gegenstände entgegen. Er hatte sich inzwischen zum Horizont gewandt und fixierte einen Punkt über Paros in der Ferne. Dabei streckte er den Arm aus und vollführte mit der Hand eine schnappende Bewegung, als wollte er etwas in der Luft Schwebendes direkt vor sich zwischen die Finger bekommen. Er schaute ernst, zugleich war da ein schalkhaftes Blitzen in den Augen. Die Hand meines Vaters schnappte ein weiteres Mal nach der Luft, und er war verschwunden.

Auf dem Rückweg, ich hatte den Stein mit der altgriechischen Inschrift »Berg des Zeus, Beschützer der Herden« erreicht, entdeckte ich in der kaum kniehohen Macchia ein einzelnes Bäumchen, eine kerzengerade Zwergzypresse. Ihr dünner Stamm zitterte kaum sichtbar im leichten Wind und war dennoch stark genug, auch die stärksten Winterstürme zu überstehen.

Eines Tages, ich ging noch zur Schule, rief er an und fragte, ob ich mit ihm zur Eröffnung einer Paul-Klee-Ausstellung nach Basel fahren wolle.

»Wann?«

»Jetzt!«

Schon rauschten wir auf die A5 – und ab in den Süden. Wir hörten »Der Frühling« aus Vivaldis *Vier Jahreszeiten*. Er schwärmte von Klees hauchzarten Engelszeichnungen, und die Aussicht, die geliebten Bilder bald im Original zu sehen, versetzte ihn in Euphorie. Plötzlich schlug er beide Hände begeistert aufs Lenkrad und blickte mich fast fragend an: »Ist Vorfreude nicht die schönste Freude?«

Das entzückte Lächeln auf seinem Gesicht am Morgen nach seinem Tod. Die Gelöstheit bildete den Anfang. Sie ist der Grund von allem.

Die Wärme in der Brust, wenn ich an ihn denke.

Als ich von der Wanderung ins Hotel zurückkam, fand ich in unserem Zimmer einen Zettel meiner Frau: »Wir sind in der Stadt. Du wirst uns schon finden!«

Ich trat auf den Balkon hinaus, von dem der Blick über eine unbebaute Ebene und die Häuser am Küstenstreifen bis zum

Meer reicht. Es war sonderbar, in der Ferne die winzigen Dreiecke der Surfer übers aufgewühlte Wasser rasen zu sehen, denn hier herrschte Windstille, und die Blätter der Palme rührten sich nicht. Die an der Leine hängenden Badetücher waren feucht, als hätten Frau und Tochter eben erst das Hotel verlassen.

Zurück im Zimmer legte ich das harte Stück Schokolade und die Zuckertüten meines Vaters auf den Tisch zwischen die Steine und Muscheln, die unsere Tochter in den letzten Tagen am Strand gesammelt hatte.

Dann duschte ich, zog ein frisches Hemd an und begab mich auf die Suche.

DANK

Ich danke Joachim Benditz, Kolja Mensing, Michalis Papanikolaou, Barbara Scior, Peter Scior, Wilfried Schulz, Angela Tsakiris und Barbara Waibel.

Mein ganz besonderer Dank gilt Mirella Weingarten.

LITERATUR

Die Frage »Will ich dem Vater also Anerkennung verschaffen, auch vor mir selbst?« auf Seite 8 hätte nicht den Weg in das Buch gefunden, wenn ich in Roland Barthes *Tagebuch der Trauer* (Carl Hanser Verlag, München 2010) nicht folgenden Satz gelesen hätte: »Jedes Subjekt (das wird immer klarer), handelt mit dem Ziel (bemüht sich darum), ›anerkannt‹ zu werden.«

Die Zitate aus Peter Nadás' *Der eigene Tod* (Seite 74) stammen aus Peter Nádas. *Behutsame Ortsbestimmung. Zwei Berichte.* Berlin Verlag, Berlin 2006.

Das Gedicht *Der Pflaumenbaum* (Seite 106) wurde Bertolt Brecht. *Ausgewählte Werke in sechs Bänden, Gedichte 1* entnommen. Suhrkamp Verlag, Frankfurt am Main 2005.

Das Zitat über den Berliner Bezirk Friedenau (Seite 125), dessen Gründer den Käufern untersagten, auf dem Gelände »Proletarierwohnungen« zu bauen, stammt aus: Peter Hahn und Jürgen Stich. *Friedenau. Geschichte & Geschichten.* Oase Verlag, Badenweiler 2015.

Während der Wanderungen auf Naxos (Teil III) sorgte Dieter Grafs Wanderführer *Naxos & Kleine Kykladen* für Orientierung. Edition Dieter Graf, München 2018.

352 Seiten / Auch als eBook

Als Hannah und Frieder Lekebusch die Villa Rosen entdecken, sind sie
wie gebannt von ihrer Aura. Also kaufen sie die Villa und restaurieren
sie. Doch deren rätselhafte Eigenmacht und die langen Schatten der
Vergangenheit fordern sie auf unerwartete Weise heraus. ›Das Gartenzimmer‹ spannt einen Bogen vom Anfang des 20. Jahrhunderts bis in
die Gegenwart und erzählt vom Schicksal eines Hauses und dem Leben
derer, die sich seiner Wirkung nicht entziehen können.

www.dumont-buchverlag.de   **DUMONT**

—

»Eine psychologisch sorgsam entfaltete Familien-
geschichte. Ein Glücksfall.«

256 Seiten / Auch als eBook

Auf der Rückreise aus dem Urlaub wird Gabor Lorenz Zeuge, wie ein
junger Mann versucht, auf die Fähre zu gelangen, mit der auch Lorenz
und seine Familie nach Italien übersetzen. Das Bild lässt ihn nicht mehr
los. ›Gesichter‹ ist ein spannendes Seelendrama, das davon erzählt, wie
jemand alles aufs Spiel setzt, weil er nicht in der Lage ist, sich selbst zu
erkennen.

www.dumont-buchverlag.de **DUMONT**